财务管理与创新研究

赵刚太　赵学哲　王泽泳◎著

中国纺织出版社有限公司

内 容 提 要

本书主要阐述了财务管理相关基础问题，对财务管理的价值观念、筹资管理与资本分析、企业投资管理与决策分析、营运资金与利润分配管理进行了深入探讨，以发展的眼光透视了多视角下财务管理的创新思路、基于财务共享的财务管理创新发展兼具理论与实践价值，以供广大相关工作者参考借鉴。

图书在版编目（CIP）数据

财务管理与创新研究 / 赵刚太, 赵学哲, 王泽泳著
. -- 北京：中国纺织出版社有限公司，2023.5（2024.3 重印）
ISBN 978-7-5229-0457-3

Ⅰ.①财… Ⅱ.①赵… ②赵… ③王… Ⅲ.①财务管理—研究 Ⅳ.①F275

中国国家版本馆CIP数据核字（2023）第053642号

责任编辑：段子君　　责任校对：高　涵　　责任印制：储志伟

中国纺织出版社有限公司出版发行
地址：北京市朝阳区百子湾东里 A407 号楼　邮政编码：100124
销售电话：010—67004422　传真：010—87155801
http://www.c-textilep.com
中国纺织出版社天猫旗舰店
官方微博 http://weibo.com/2119887771
北京虎彩文化传播有限公司印刷　各地新华书店经销
2023 年 5 月第 1 版　　2024 年 3 月第 2 次印刷
开本：710×1000　1/16　印张：13.75
字数：216千字　定价：99.00 元

前　言

　　企业通过财务管理能获取信息助力决策、防范风险稳定发展、聚合力量强化竞争、推进战略提升效益。财务管理工作涉及企业管理的方方面面，是企业管理的核心工作，因此财务管理工作对企业来说相当重要。随着现代企业管理制度的不断完善和丰富，人们对企业财务管理工作也提出了更高的要求，可以说创新企业财务管理是提高企业经济效益、提升市场竞争力的必经之路。

　　基于此，本书以"财务管理与创新研究"为题，全书共设置七章：第一章主要内容包括财务管理的概念与目标、财务管理的环节与方法、财务管理的环境与原则；第二章探索资金的时间价值、风险与收益、成本性态分析；第三章围绕筹资管理与资本分析，主要讨论了筹资管理相关理论、筹资方式、资本成本与资本结构；第四章对投资管理及其原则、证券投资管理与投资组合、项目投资管理与决策评价展开讨论；第五章解析了营运资金管理的主要内容、收益分配及股利政策、利润分配的程序与方案；第六章探索研究开发的经济性质与财务管理创新、基于多学科视角的财务管理拓展与创新、网络经济时代的财务管理创新思路；第七章探究财务共享服务的理论依据与拓展思考、财务共享服务模式及其实施策略、财务共享平台与共享中心的建设管理。

　　本书写作力求内容通俗易懂，结构层次严谨，条理清晰分明，从财务管理相关的基础理论入手，拓展到多视角的财务管理创新思路以及财务共享的财务管理创新发展，兼具理论与实践价值，以供广大相关工作者参考借鉴。

　　作者在撰写本书的过程中，得到了许多专家学者的帮助和指导，在此表示诚挚的谢意。由于作者水平有限，加之时间仓促，书中所涉及的内容难免有疏漏之处，希望各位读者多提宝贵意见，以便作者进一步修改，使之更加完善。

著　者
2022 年 11 月

目 录

1

第一章 财务管理概述

第一节　财务管理的概念与目标

一、财务管理的概念

在市场经济条件下，财务既是一种普遍存在的社会现象，也是一种经济现象，凡与市场经济有关的主体皆与财务有关联，小至个人、家庭，大到企业、国家。

企业财务是企业财务活动和财务关系的总称。财务活动是指企业再生产过程中存在的资本运动。财务关系是指企业在组织财务活动过程中与企业内外部有关各方发生的经济利益关系。

财务管理又称公司理财，是组织企业财务活动、协调财务关系的经济管理活动。财务管理是企业管理者立足于市场，运用恰当的方法筹集资本、运用资本，并在协调好财务关系的基础上实现财务管理目标的过程。

随着公司企业的兴起，企业财务活动变得复杂多样。至20世纪初，财务管理开始独立于企业的其他管理活动，从而成为一门专门学科。财务管理最早被认为是微观经济理论的应用学科，也是经济学的一个分支，它融合了经济学、会计学、法律知识等多种学科知识，还是一门综合性应用学科。

要深刻理解财务管理的内涵，就必须进一步掌握财务活动的内容和财务关系的构成。

（一）财务活动

财务活动是指企业再生产过程中存在的资本运动，而企业资本运动包括筹集资本、运用资本、回收资本和分配资本，因此，财务活动包括筹资活动、投资活动、资金营运活动和利润分配活动四个方面。

1. 筹资活动

筹资是指企业为了满足投资和用资的需要，筹措和集中所需资本的过程。企业的生存和发展离不开资本的筹集，筹资是资本运动的起点。企业通过发行股票、发行债券、银行借款等方式筹集资本，从而引发资金流入企业，而企业偿还借款、支付利息和股利等会引发资金流出企业。这种因为资本筹集而产生的企业资金的流入和流出就是筹资活动。在筹资过程中，一方面企业要确定筹资的数量，以满足投资和用资的资本需求；另一方面要通过筹资渠道和筹资方式的选择确定合理的资本结构，努力降低资本成本。

2. 投资活动

投资是指为实现企业目标和财务管理目标，投入资本取得各种资产以获得盈利，不断增加企业价值的过程。企业将筹集到的资本用于购置固定资产、无形资产、购买其他公司股票和债券、与其他企业联营等，会导致资金流出企业，但企业收回投资时，会产生资金流入企业，这种因资本投资而产生的企业资金的流入和流出就是投资活动。通过资本投资，企业资本就由货币形态转化为实物形态。企业投资包括对外的长短期投资和对内的长短期投资。对内的短期投资是为维持企业的日常生产经营活动而发生的，属于企业资金营运范畴。在投资过程中，一方面企业要分析投资方案的收益，选择获得最大收益的项目；另一方面需要对投资方案的风险因素进行计量，从而判断选择投资方案。

3. 资金营运活动

企业在正常的经营过程中，当采购材料或商品、支付工资和其他费用时会引起资金流出企业，当企业销售产品或商品、采取短期借款筹集所需资金时会引起资金流入企业，这种因企业经营引起的企业资本流入和流出就是资金营运活动。在资金营运过程中，企业需要考虑加速资金周转、提高资金利用效率等问题。

4. 利润分配活动

企业在经营过程中产生的利润、对外投资分得的利润会使资金流入企业，而企业按规定程序将利润以所得税形式分配给国家、以股利形式分配给投资者时会使得资金流出企业，这种因利润取得、分配而产生的企业资金流入和流出就是利润分配活动。在利润分配过程中，企业财务管理人员要根据企业自身的具体情况确定最佳的分配政策，努力使利润分配产生正面影响作用。

（二）财务关系

1. 企业与其所有者之间的财务关系

企业的所有者按照企业章程、投资合同或协议的要求履行出资义务，形成企业的资本金，企业利用资本金经营实现利润后，按照公司章程或投资合同、协议的规定，向其所有者支付投资报酬，由此而产生的经济利益关系形成企业与其所有者之间的财务关系。企业的所有者可以是国家、法人单位、个人等，所有者对企业可以是独资、控股或参股。企业与其所有者所享有的权利与承担的责任各不相同，企业与其所有者之间的财务关系体现了经营权与所有权的关系。

2. 企业与其债权人之间的财务关系

债权人按借款合同、债券发行规定或者商业信用等向企业提供资金、企业按规定按时支付利息和偿还本金，由此而产生的经济利益关系形成企业与其债权人之间的财务关系。企业的债权人可以是发放贷款的金融机构、债券投资者、商业信用提供者以及其他借出资金给企业的单位或个人。企业与其债权人之间的财务关系体现了债务与债权的关系。

3. 企业与其受资者之间的财务关系

企业按投资合同或者以购买股票的方式向其他企业投入资本金、按规定参与受资企业的利润分配，由此而产生的经济利益关系形成企业与其受资者之间的财务关系。企业向其他单位投资，可以是独资、控股和参股。企业与其受资者之间的财务关系体现了所有权性质的投资与受资关系。

4. 企业与其债务人之间的财务关系

企业以购买债券、按借款合同提供借款或者提供商业信用等形式将资金出借给其他单位，债务人按规定向企业支付利息和偿还本金，由此而产生的经济利益关系形成企业与其债务人之间的财务关系。企业借出资金可以获取一定的报酬，同时要承担坏账风险。企业与其债务人之间的财务关系体现了债权与债务的关系。

5. 企业内部各部门之间的财务关系

企业实行内部经济核算，企业内部各部门之间相互提供产品或劳务，要以内部价格进行结算，由此而产生的经济利益关系形成企业内部各部门之间的财务关系。企业内部各部门之间的财务关系体现了企业内部各部门之间的利益关系。

6. 企业与职工之间的财务关系

职工向企业提供劳动，企业根据职工提供劳动情况向职工支付工资、津贴和奖金等劳动报酬，由此而产生的经济利益关系形成企业与职工之间的财务关系。企业与职工之间的财务关系体现了职工和企业在劳动成果上的分配关系。

7. 企业与税务部门的财务关系

企业依照有关税法规定向国家税务部门纳税，税务部门依法征收税费，由此而产生的经济利益关系形成企业与税务部门的财务关系。政府要完成维护社会正常秩序、保卫国家安全等活动，必须要有一定的财政收入，因此，任何企业都要按照国家税法的规定缴纳各种税款，实现企业对国家的贡献。企业与税务部门的财务关系体现了强制的和无偿的分配关系。

（三）企业组织形式

企业是一个契约性组织，它是从事生产、流通、服务等经济活动，以生产或服务满足社会需要，实行自主经营、独立核算、依法设立的一种营利性的经济组织。

企业作为国民经济的细胞，有着越来越重要的功能，主要表现在以下方面：①企业是市场经济活动的主要参与者。②企业是社会生产和服务的主要承担者。③企业可以推动社会经济技术进步。

企业组织形式的不同决定着企业财务组织形式、财务关系、财务风险和所采取的财务管理方式的差异。企业财务管理必须立足于企业的组织形式，因此，了解企业的组织形式非常有必要。

企业的组织形式有个人独资企业、合伙企业以及公司制企业三种形式。

1. 个人独资企业

个人独资企业是由一个自然人投资、财产为投资人个人所有、投资人以其个人财产对企业债务承担无限责任的经营实体。个人独资企业不具备法人资格，规模一般都较小，组织结构简单，大多数没有内部管理机构。

个人独资企业具有的财务优势如下：①法律法规对企业经营管理、决策、设立与破产制约较小（由于企业业主个人对企业的债务承担无限责任），设立企业的条件不高，程序简单、方便。②企业所有权和经营权是一致的，财务管理决策权限集中，能够对经济变动作出快速反应。③所有者与经营者为一体，经营管理方式灵活，不需要缴纳企业所得税。

2. 合伙企业

合伙企业分为普通合伙企业和有限合伙企业。

普通合伙企业是由两个或两个以上的自然人合资经营、由各合伙人订立合伙协议，共同出资，合伙经营，共享收益，共担风险，并对合伙企业债务承担无限连带责任的企业。合伙企业不具备法人资格。

除业主不止一个人外，合伙企业其他方面与个人独资企业类似。此外，普通合伙企业中每个合伙人对企业债务须承担无限连带责任，如果一个合伙人没有能力偿还其应分担的债务，其他合伙人须承担连带责任；合伙人转让其所有权时需要取得其他合伙人的同意，有时甚至还需要修改合伙协议。

与独资企业相比较，合伙企业的财务优势如下：①合伙企业可以发挥每个合伙人的专长，有利于提高合伙企业的决策水平和财务管理水平。②筹资能力提高，有利于企业规模的扩大，降低了债权人提供资金的风险，企业筹资难度下降。③普通合伙人对合伙企业的债务承担无限连带责任，有助于增强合伙人的责任心，从而提高合伙企业的信誉。

有限合伙企业是由普通合伙人和有限合伙人共同设立的合伙企业。普通合伙人对合伙企业债务承担无限连带责任，有限合伙人以其认缴的出资额为限对合伙企业债务承担责任。

3. 公司制企业

公司（或称公司制企业）是指由两个以上投资人（自然人或法人）依法出资组建、有独立法人财产，自主经营、自负盈亏的法人企业。出资者按出资额对公司承担有限责任。

公司是经政府注册的营利性组织，独立于所有者和经营者，具有法人资格，即由法律赋予其权利能力。公司企业分为有限责任公司和股份有限公司两种。

（1）有限责任公司是指由 50 个以下股东共同出资，股东以其认缴的出资额为限对公司承担责任，公司以其全部资产为限对公司的债务承担责任的企业法人。有限责任公司简称为有限公司，依法设立的有限责任公司，必须在公司名称中标明有限责任公司或者有限公司字样。

（2）股份有限公司是指全部注册资本由等额股份构成并通过发行股票筹集资本，股东以其所持股份为限对公司承担责任，公司以其全部资产对公司的债务承担责任的企业法人。股份有限公司简称股份公司，依法设立的股份有限公司，必须在公司名称中标明股份有限公司或者股份公司字样。

有限责任公司和股份有限公司的区别如下：

第一，公司设立时对股东人数要求不同。设立有限责任公司的股东人数为 1 人以上 50 人以下；设立股份有限公司，应当有 2 人以上 200 人以下为发起人，股东人数无上限规定。

第二，股东的股权表现形式不同。有限责任公司的权益总额不等额划分，股东的股权多少是通过投资人所拥有的比例来表示的；股份有限公司的注册资本总额平均划分为相等的股份，股东的股权多少是通过投资人持有股份数量来表示的。

第三，股份转让限制不同。有限责任公司的股东之间可以相互转让其全部或者部分股权，但股东向股东以外的人转让股权，应当经其他股东过半数同意。股份有限公司可以发行股票，股票可以自由转让和交易。

公司制企业的优点是：①容易转让所有权，公司的所有者权益被划分为若干股权份额，每个份额可以单独转让。②有限债务责任，公司债务是法人的债务，不是所有者的债务，所有者对公司承担的责任以其出资额为限，当公司资产不足以偿还其所欠债务时，股东无须承担连带清偿责任。③可以无限存续，一个公司在最初的所有者和经营者退出后仍然可以继续存在。④融资渠道较多，更容易筹集所需资金。

企业组织形式的差异导致财务管理组织形式的差异。在个人独资企业和合伙企业组织形式下，企业的所有权和经营权合而为一，企业的所有者同时也是企业的经营者，所有者享有财务管理的所有权利，相应地，所有者必须承担一切财务风险和责任，因此，独资企业和合伙企业实施财务不分层管理体制。在公司制企业组织形式下，所有权主体和经营权主体发生分离，公司的财务管理权相应分属于所有者和经营者两方面。因此，在公司制企业中，实施财务分层管理体制，即股东大会、经营者、财务经理三者分别按自身的权利和职责，对某一财务活动分别就决策、控制、监督三者间形成相互制衡的管理体制。

二、财务管理的目标

"目标是行为的指引，企业在发展的过程中，一定要根据环境的变化和自身特征的调整来制定和设计有效的财务管理目标和战略，这样才能够满足企业在不同生命周期的要求。"❶

（一）企业财务管理目标理论

目标是指一个系统运行所希望实现的结果。企业财务管理目标就是财务管理系统运行所希望实现的结果。企业财务管理目标是由不同层次的系列目标所构成的，分为总目标、分部目标和具体目标三个层次。

财务管理总目标是全部财务活动要实现的根本目标，具有导向性作用。有了明确合理的财务管理总目标，财务管理工作才有明确的方向，它是企业财务管理的出发点和归宿。因此，企业应根据自身的实际情况以及环境因素对企业财务管理的要求确定财务管理总目标。财务管理总目标取决于企业的总目标。

财务管理分部目标是指企业进行某一部分财务活动（筹资活动、投资活动、资金营运活动、利润分配活动）所要达到的目标。

财务管理具体目标是指从事某项具体财务活动所要达到的目标。

---

❶ 苗凯. 财务管理目标与企业财务战略选择 [J]. 纳税, 2021, 15 (29): 79.

财务管理分部目标和财务管理具体目标为财务管理总目标的实现提供保障。

下面介绍的财务管理目标是指总目标。企业财务管理目标主要有利润最大化、股东财富最大化、企业价值最大化、相关者利益最大化等四种具有代表性的理论，各种类型财务管理目标的出现都是不同环境下企业选择的结果。

1. 利润最大化目标

利润最大化目标是指企业财务管理活动要实现的结果是利润最大化。企业以利润最大化作为财务管理目标时，企业利润总额越大越好，并且以利润作为评价和分析企业行为及经营业绩的标准。20 世纪初，西方企业多为独资经营，企业扩大规模的主要方式是利润转化为资本。因此，利润最大化是那个时期企业财务管理的目标。在我国，计划经济转向市场经济之时，国家对国有企业经营业绩考核的主要指标是利润，因此，企业也就逐步以利润最大化作为财务管理的目标。

（1）利润最大化作为财务管理目标的合理性。

第一，人类从事生产经营活动的目的是为了创造更多的剩余产品，在市场经济条件下，剩余产品的价值一般是用利润的多少来衡量的。

第二，在自由竞争的资本市场中，资本的最终使用权由获利最高的企业掌控，企业取得了资本也就等于取得了各种经济资源的支配权，取得资源的支配权可以使企业在竞争中处于有利地位。

第三，每个企业都最大限度地获得利润，可以使社会的总体财富实现最大化，从而提高社会发展水平，带来社会的进步和发展。

（2）利润最大化作为财务管理目标的优点。

第一，利润是企业在一定期间全部收入和全部成本费用的差额，因此，是一项综合性指标，能在一定程度上衡量企业的整体经营状况和财务管理水平。

第二，有利于企业资源的合理配置和整体经济效益的提高。企业追求利润最大化，就必然进行经济核算，加强管理，改进技术，提高劳动生产率，降低产品成本，这些措施的实施可以使得企业资源得以合理配置，促进企业整体经济效益的提高。

第三，利润概念易于理解，计算简单，在实际应用中比较方便。

但是，资本市场的发展和完善，使企业规模扩张的方式多样化，不再是单一的利润转变为资本，另外，随着现代企业的所有权和经营权的分离，与企业有关的利益集团越来越多，在这种环境下，以利润最大化作为企业财务管理目标不再恰当。

利润最大化财务管理目标的另一种表现形式是每股收益最大化。每股收益把企业的利润和股东投入的资本联系起来了，用每股收益最大化作为企业的财务管理目标，除克服了利润最大化目标没有反映所创造利润与投入资本之间关系的缺陷外，每股收益最大化目标与利润最大化目标的其他缺陷基本相同。现实中，许多投资人都把每股收益作为评价公司业绩的重要标准之一。

2. 股东财富最大化目标

股东财富最大化目标是指企业财务管理活动要实现的结果是为股东带来最多的财富，在保证企业长期稳定发展的基础上使股东财富总价值达到最大。随着西方股份制企业的出现和发展，企业所有权和经营权相分离，所有者投资企业的目标是资产保值增值，促使企业财务管理目标由利润最大化转变为股东财富最大化。以股东财富最大化为财务管理目标，要求管理者在生产活动中选择能使未来支付给股东的利益最大且不确定性最小的方案。由于上市公司股东的财富是由股东所拥有股票的数量和股票的市场价格决定的，在股票数量一定时，股票价格达到最高，股东财富也就达到最大。所以，股东财富最大化目标也可以理解为股票价格最大化。

与利润最大化目标相比，以股东财富最大化为财务管理目标具有以下优点：

（1）考虑了货币时间价值和风险因素。因为股票的市场价格具有时间性，股票价格的高低受风险大小的影响。

（2）能反映投入资本与获利之间的关系。

（3）在一定程度上能避免企业在追求利润上的短期行为。因为无论现在的利润还是未来利润的预期值都会对股票价格产生影响。

（4）对上市公司而言，股东财富最大化目标比较容易量化，便于考核和奖惩。

3. 企业价值最大化目标

企业价值最大化目标是指在考虑货币时间价值和风险因素以及保证企业长期稳定发展的基础上，企业财务管理活动要实现的结果是使企业总价值达到最大。

企业价值最大化目标将企业长期稳定发展摆在首位。企业价值是指企业自身的含金量，即企业值多少钱，在现代资本市场中，对企业价值大小的评价，不仅看企业已经获得的利润水平，更看重企业潜在的获利能力，即企业未来现金流入的水平。因此，企业账面资产总价值不能代表企业的价值，企业价值是企业所有者权益和债权人权益的市场价值，或者是企业所能创造的预计未来现金流量的现值。

以企业价值最大化作为财务管理目标，具有以下优点：

（1）考虑了货币的时间价值。因为以预计未来现金流量的现值代表企业价值，在预测未来现金流量时考虑了不确定性和风险因素，而现金流量的现值是以资金的时间价值为基础计算的。

（2）考虑了风险与报酬的关系，强调了风险与报酬的均衡。企业价值与预期报酬呈正比，然而，报酬与风险同增，即获得的报酬越大，企业所承担的风险也越大，只有在风险与报酬的平衡点上企业的价值才能达到最大，因此，以企业价值最大化为财务管理目标，就必然考虑风险与报酬的关系。

（3）将企业长期、稳定的发展和持续的获利能力放在首位，能克服企业在追求利润上的短期行为。因为不仅目前利润会影响企业价值，预期未来的利润对企业价值增加也会产生重大影响。

以企业价值最大化为财务管理目标存在的缺陷是过于理论化，不易操作，对于非上市公司而言，公司价值只能通过资产评估的方式取得，而在评估企业的资产时，由于受到评估标准和评估方式的影响，很难做到客观和准确。

4. 相关者利益最大化目标

相关者利益最大化目标是指企业财务管理活动要实现的结果是在企业价值增长中使得企业相关者利益达到最大。现代企业是多边契约关系的总和，因此，企业在从事经营活动时，除了应该考虑股东的利益之外，还应该考虑企业相关者的利益。企业利益相关者包括企业股东、债权人、员工、经营者、供应商、客户及政府。随着社会的进步和企业的发展，企业股东想要获得更多的投资收益，就必须依赖有才干的经营者和忠实员工给予的支持，只有当企业利益相关者的利益都得到保护和满足时，才能够实现企业价值最大化，股东的财富才能增加。因此，在确定企业财务管理目标时，要重视企业相关利益群体的利益。

相关者利益最大化财务管理目标具体包括以下内容：

（1）强调风险与报酬的均衡，将风险限制在企业可以承受的范围之内。

（2）强调股东的首要地位，强调企业与股东之间关系的协调。

（3）强调对企业经营者的监督和控制，要求建立有效的激励机制对经营者实施激励，以便企业顺利实施战略目标。

（4）关心本企业普通员工的利益，创造优美和谐的工作环境和提供合理恰当的福利待遇，培养员工对企业的忠诚度，以长期努力为企业工作。

（5）不断加强与债权人的关系，培养可靠的资金供应者。

（6）加强与供应商的协作，共同面对市场竞争，并注重企业形象的宣传，遵守承诺，讲究信誉。

（7）关心客户的长期利益，以便保持销售收入的长期稳定增长。

（8）积极承担社会责任，保持与政府部门的良好关系。

以相关者利益最大化作为财务管理目标有利于企业长期稳定发展，有利于实现企业经济效益和社会效益的统一。由于需要兼顾企业、股东、债权人、供应商、客户、员工、政府等相关者的利益，企业就会依法经营、依法管理，正确处理各种财务关系，承担一定的社会责任，从而实现合作共赢，可见企业在实现经济效益之时也取得了一定的社会效益。

上述各个财务管理目标都是一定环境下在前一个财务管理目标基础上考虑更多因素而总结出来的，因此，四种类型的财务管理目标在根本上并没有好坏之分，只是因环境的变迁、企业发展战略的不同致使制定的企业财务管理目标有所不同，因此，只要适合环境要求、有利于企业的发展，就是合理的财务管理目标。

（二）利益冲突与协调

企业相关者之间存在的利益冲突会影响企业财务管理目标的实现，因此，企业要实现财务管理目标就必须协调好各利益群体的利益冲突。协调相关者利益冲突的总体原则是：在进行财务决策时，尽量减少各利益相关者之间的利益冲突，在企业相关者利益的分配上达到动态平衡。在所有相关者利益冲突与协调中，企业所有者与经营者、所有者与债权人的利益冲突与协调最为重要。

1. 所有者与经营者的利益冲突与协调

（1）所有者与经营者利益冲突产生的原因。企业所有者与经营者利益冲突产生的原因在于两者目标不一致。由于现代企业所有权与经营权相分离，企业所有者与经营者之间是委托代理关系，企业所有者委托经营者管理企业，经营者接受委托成为所有者的代理人，经营者一般对企业不存在所有权。企业所有者追求的目标是投入资本获利水平的最大化，保证资本的保值增值，实现股东财富的最大化。但是经营者作为所有者的代理人有其自身利益的考虑，经营者追求的目标是在为股东创造财富的同时，获取更多的报酬、拥有更多的闲暇时间、从自身利益出发尽力避免承担更多的风险。经营者实现自身目标会以牺牲所有者利益为代价，就可能影响所有者目标的实现，如经营者获取更多报酬会使得资本获利水平下降，经营者增加闲暇时间、没有卖力工作可能导致资本获利水平下降，经营者不愿意进行高收益高风险的投资，可能使股东财富增长水平下降。

此外，所有者与经营者之间存在信息不对称，导致所有者无法准确判断经营者的决策是否有利于企业财务管理目标的实现，经营者的这些行为取向属于道德风险，企业所有者无法利用法律手段追究其责任。由此可见，企业所有者与经营者由于委托代理关系而两者目标不一致必然导致利益冲突。

（2）所有者与经营者利益冲突的协调。所有者与经营者之间的利益冲突，可以通过激励、干预和解聘机制来协调解决。

第一，激励。激励就是将经营者的报酬与其绩效挂钩，促使经营者自觉地采取能提高股东财富最大化的办法。激励有两种具体方式：①绩效股方式，就是企业运用每股收益、资产收益率等业绩评价指标评价经营者的业绩，并视其业绩大小给予经营者数量不等的股票作为报酬，如果经营者业绩未能达到规定目标将丧失原来持有的部分绩效股。这种方式可以刺激经营者不仅为多得绩效股而不断采取措施提高经营业绩，而且从自身利益出发会采取各种措施提高股票价格，从而增加所有者财富。②实施股票期权计划，即允许经营者在未来某一时期以约定的价格购买本企业股票，股票市场价格高于约定价格的部分就是经营者所得到的报酬，这样经营者就有提升股票价格的动力，主动采取能提高企业股票价格的措施，从而使得所有者财富增加。

第二，干预。干预是一种通过市场约束经营者从而解决所有者与经营者利益冲突的办法。当经营者违背所有者目标导致企业经营业绩不佳或股票价格下跌时，企业就可能被其他企业接收或吞并，经营者可能会被解聘或经营者在市场中的身价下跌，经营者为了避免企业被接收导致自身利益受损，就会努力工作，积极采取有效措施提高股东财富，实现企业财务管理目标。

第三，解聘。解聘是一种通过所有者约束经营者从而解决两者利益冲突的办法。所有者对经营者予以监督，如果经营者没有积极实现所有者目标，经营业绩不佳，所有者就会解聘经营者，经营者为了不被解聘而自觉地采取能提高企业资本获利水平的措施，从而增加股东财富。

2. 所有者与债权人的利益冲突与协调

（1）所有者与债权人利益冲突产生的原因。企业所有者与债权人利益冲突产生的原因在于两者目标发生矛盾，所有者在实施其财富最大化目标时会在一定程度上损害债权人的利益。企业债权人将资金出借给企业，目的是在期望风险程度上获得利息收入，按时收回本金，保证资金的安全。但是，当企业使用从债权人处借入的资金时，所有者为实现财富最大化可能改变资金原定用途，投资于比债权人期望风险更高的项目，造成债权人风险与收益不对等，资金失去安全性。因为项目投资成功，高风险带来的额外收益将归所有者独享，而债权人的报酬被固定在期望的低风险利率上；如果项目失败，债权人也将遭受损失，可见债权人承担的风险与得到的报酬是不对等的。此外，所有者可能在未征得现有债权人同意时举借新债，增大企业偿债风险，导致债权人的债权价值降低。

（2）所有者与债权人利益冲突的协调。对所有者与债权人的利益冲突，债权人可以采取以下对策来解决：

第一，限制性借债。限制性借债就是债权人通过在债务协议中设置限定性条款规定借债用途、设置借债担保条款和借债信用条件，保护自身利益免受侵害。

第二，收回借款或停止借款。当债权人发现企业有侵害其利益的意图时，采取拒绝与该企业有进一步的业务往来、收回债权、不再给予新的借款或要求较高利率以补偿可能遭受损失等措施，以此限制所有者的掠夺行为。

（三）企业的社会责任

企业的社会责任是指企业在谋求实现财务管理目标之时应该承担的维护和增

进社会利益的义务。企业应承担的社会责任主要包括以下内容。

1. 对员工的责任

企业除了有向员工支付报酬的法律责任外，还负有为员工提供安全工作环境、职工教育等保障员工利益的责任。"虽然企业对员工履行的责任内容的变量不同，但假若能在企业中增强对员工和管理层人员履行责任的程度，这无疑对组织的生存发展有着无可匹敌的竞争优势。"❶

企业对员工承担的社会责任主要包括以下几点：

（1）按时足额发放劳动报酬，并根据社会发展逐步提高工资水平。

（2）提供安全健康的工作环境，加强劳动保护，实现安全生产，积极预防职业病。

（3）建立公司职工的职业教育和岗位培训制度，不断提高职工的素质和能力。

（4）完善工会、职工董事和职工监事制度，培育良好的企业文化。

2. 对债权人的责任

企业应依据合同约定以及法律规定，对债权人承担相应的义务，保障债权人合法权益。这种义务既是企业的民事义务，也可视为企业应承担的社会责任。企业对债权人承担的社会责任主要包括以下几点：

（1）按照法律、法规和公司章程的规定，真实、准确、完整、及时地披露公司信息。

（2）诚实守信，不滥用公司人格。

（3）主动偿债，不无故拖欠。

（4）确保交易安全，切实履行依法订立的合同。

3. 对消费者的责任

公司价值的实现在很大程度上取决于消费者的选择，因此企业理应重视对消费者承担的社会责任。企业对消费者承担的社会责任主要包括以下几点：

（1）确保产品质量，保障消费安全。

（2）诚实守信，确保消费者的知情权。

---

❶ 刘欢. 企业对员工履行的责任、员工心理契约、工作绩效影响研究 [J]. 中小企业管理与科技（上旬刊），2016（3）：27.

（3）提供完善的售后服务，及时为消费者排忧解难。

4. 对社会公益的责任

企业对社会公益的责任主要涉及慈善、社区等。企业对慈善事业的社会责任是指承担扶贫济困和发展慈善事业的责任，表现为企业对不确定的社会群体（尤指弱势群体）进行帮助。企业承担社会公益责任的主要表现形式是捐赠，受捐赠的对象主要是社会福利院、医疗服务机构、教育事业、贫困地区、特殊困难人群等。此外，企业招聘残疾人、生活困难的人、缺乏就业竞争力的人进入企业工作，举办与公司营业范围有关的各种公益性的社会教育宣传活动等均为企业承担社会公益责任的表现。

5. 对环境和资源的责任

企业对环境和资源的社会责任主要包括两方面：一是承担可持续发展与节约资源的责任，二是承担保护环境和维护自然和谐的责任。

此外，企业还有义务和责任遵从政府的管理、接受政府的监督。企业要在政府的指引下合法经营、自觉履行法律规定的义务，同时尽可能地为政府献计献策、分担社会压力、支持政府的各项事业。

企业承担社会责任需要付出代价，从而增加企业成本。如果产品价格保持不变，就会降低企业的盈利水平及在资本市场获取资源的能力，导致企业在竞争中处于不利地位。如果为了补偿成本而提高产品价格，必然降低企业产品的竞争力，不利于企业与同行业其他企业的竞争。一般而言，对一个利润或投资报酬率处于较低水平的公司，在激烈竞争的环境下，是难以承担额外增加其成本的社会责任的。虽然实现企业财务管理目标与承担社会责任之间存在矛盾，但企业有必要承担应尽的社会责任。因为企业承担社会责任有助于财务管理目标的实现。

例如，企业不为员工提供合理的薪酬和安全的工作环境，就会挫伤员工的工作积极性，导致劳动生产率下降，影响企业盈利水平，对财务管理目标的实现带来负面影响。又如，企业不履行对消费者的社会责任，提供的产品存在安全隐患或者提供的售后服务不良，就会遭遇诉讼或面临失去顾客的风险，这就必然会提高企业的成本，不利于财务管理目标的实现。再如，企业通过捐赠承担社会公益责任，自觉改善自身的生态环境，重视履行对员工、消费者、环境、社区等利益相关方的责任，有助于提高企业的知名度，可以树立良好的社会形象，从而有助于企业可持续发展。而消费者更愿意购买社会形象良好企业的产品，从而有利于企业财务管理目标的实现。

企业或者自觉承担社会责任或者受法律、法规的强制而承担社会责任。社会倡导企业自觉承担社会责任，但大多数社会责任都是通过法律以强制的方式让每一个企业平均负担，这样可以维护自觉承担社会责任的企业的利益。强制企业承担社会责任的法规主要涉及劳动合同、产品安全、消费者权益保护、污染防治等方面。

第二节　财务管理的环节与方法

财务管理环节是指企业财务管理工作的步骤与一般工作程序。企业财务管理一般包括财务预测、财务决策、财务计划和预算、财务控制、财务分析和考核等环节。前面环节是对后面环节的指导，后面环节是对前面环节的执行。

财务管理方法是指为了实现财务管理目标，在进行财务管理活动时采用的各种技术和手段。财务管理方法以财务管理环节为标准可分为财务预测方法、财务决策方法、财务计划与预算方法、财务控制方法、财务分析与考核方法等。

一、财务预测

（一）财务预测的概念

预测是根据事物过去发展变动的客观过程和某些规律性，参照当前已经出现和正在出现的各种可能性，运用数学和统计的方法，对事物未来可能出现的趋势或可能达到的水平进行的科学预计和推测。预测是一个思考的过程，也是一种超前的思维，而超前思维有助于各种决策的制定。

财务预测是指为了正确决策，根据企业财务活动的历史资料，考虑现实的要求和条件以及将要出现的变化因素，运用财务预测方法，预计和测算企业未来财务活动及其结果变动趋势的活动。复杂多变的现代市场经济，要求企业财务工作者能够预测市场需求和企业环境的变化，针对种种不确定因素，及时作出财务预测分析，为企业战略性的经营决策提供依据。

进行财务预测是为了降低决策失误的概率。所以，财务预测是财务决策的基础。财务预测的具体内容包括筹资预测、投资预测、销售收入预测、成本费用预测、利润预测等。

财务预测的一般工作程序是：明确财务预测的对象和目的；收集和整理有关信息资料；选用特定的财务预测方法进行预测。

财务预测应在分析相关资料的基础上进行，所谓资料是指财务历史数据资料，它是财务预测的依据，因为只有深入细致地了解企业财务活动的过去和现在，才有可能准确地判断它的未来。财务预测只能是在利用现代科学方法对有关资料进行详细分析的基础上进行，而不应当仅凭个人的主观判断进行臆测。财务预测是决策的主要参考资料之一，但并不是唯一的依据。财务预测在财务决策中的作用越来越大，成功的财务预测会给企业带来丰厚的利润回报；反之，将会给企业带来巨大的损失。

（二）财务预测的方法

财务预测方法有许多，其中最常用的有 10 余种。财务预测方法按其性质不同分为定性预测法和定量预测法两大类。

1. 定性预测法

定性预测法是指由熟悉业务、具有一定理论知识和综合判断能力的专业人员或专家，利用直观材料，根据其丰富实践经验对事物未来的状况和趋势作出主观判断的预测方法，又称判断预测法。定性预测法适用于缺乏完备、准确的历史资料或影响因素复杂、需要对许多相关因素作出判断或客观上不具备定量预测条件等情况下采用。例如，销售预测要面对变化不定的外部市场，影响市场的因素较为复杂，因此销售状况的历史数据资料不适宜建立数据模型，由于需要对许多相关因素作出判断，而对有关未来销售情况的判断资料较容易获取，所以销售预测更适合采用定性预测法。

定性预测法包括意见汇集法、专家意见法和调查研究法等具体方法。意见汇集法是由预测人员事先拟好提纲，向比较熟悉预测对象并对其未来发展趋势比较敏感的各方面人员开展调查，广泛征求意见，把各方面意见进行整理汇集、综合分析评价后作出预测判断的方法。专家意见法是借鉴见识广、学有专长的专家经验进行预测判断的一种方法，又可分为特尔斐法和专家小组法。调查研究法就是通过调查预测对象有关的情况来预测其未来发展趋势和结果的方法。

2. 定量预测法

定量预测法是指根据收集的数据资料中变量之间存在的数量关系建立数学模型和采用统计方法对预测对象将来的发展趋势和结果进行预测的方法。定量预测法需要建立数学模型，逻辑严密可靠，预测结果比较客观。定量预测法在历史数据资料齐备、可以建立数学模型且环境比较稳定的情况下采用。定量预测法包括趋势外推预测法、因果预测法等具体方法。

趋势外推预测法又称时间序列分析法，是一种将预测对象的历史数据按时间顺序排列，应用数学模型进行处理和分析，对预测对象未来发展趋势和结果进行预测的方法。趋势外推预测法包括简单平均法、移动加权平均法、指数平滑法等。

因果预测法是从掌握的历史数据资料中，找出预测对象（因变量）与其相关联的因素（自变量）之间的依存关系，通过建立相应因果数学模型来对预测对象未来发展趋势和结果进行预测的方法。因果预测法包括投入产出分析法、直线回归法、非线性回归法等具体方法。

二、财务决策

（一）财务决策的概念

财务决策是指根据财务战略目标的总体要求，采用专门的方法从若干个备选财务活动方案中选出最优方案的过程。在市场经济条件下，财务决策是财务管理的核心，财务决策的成功与否直接关系到企业的兴衰成败。财务决策的基础是财务预测。

财务决策的一般程序如下：根据财务预测的信息提出问题；确定解决问题的备选方案；分析评价、对比各备选方案；拟定择优标准并选择出最优方案。

（二）财务决策的方法

1. 经验判断法

经验判断法是指根据决策者的经验来判断最优方案进而作出决策的方法。常用的经验判断法有淘汰法、排队法、归类法等。

2. 优选对比法

优选对比法就是把各种不同方案排列起来，对比其经济效益的好坏进而作出决策的方法。

3. 数学微分法

数学微分法是根据边际分析原理，运用数学上的微分方法，对具有曲线联系的极值问题进行求解，确定最优方案进而作出决策的方法。在财务决策中，最优资本结构决策、现金最佳余额决策、存货的经济批量决策都要用到数学微分法。

4. 线性规划法

线性规划法是根据运筹学原理，对具有线性联系的极值问题进行求解，确定最优方案进而作出决策的方法。

5. 概率决策法

概率决策法就是在未来情况虽然不十分明了但各有关因素的未来状况及其概率可以预知，用概率法计算各个方案的期望值和标准离差，确定最优方案进而作出决策的方法。由于概率决策法往往把各个概率用树形图表示出来，因此有时也称之为决策树法。

三、财务计划与预算

（一）财务计划及其方法

计划是指为了执行决策、实现活动目标而对未来行动与工作的安排方案。它告诉人们为实现既定目标需要在什么时间、由什么人、采取什么办法、去开展什么活动。

财务计划是根据企业整体战略目标和规划，以财务决策确立的方案和财务预测提供的信息为基础，并通过制定财务政策、规定财务工作程序、设计财务规则、编制财务预算而对财务活动进行规划的方案。财务计划主要通过指标和表格，以货币形式反映在特定期间（计划期）内企业生产经营活动所需要的资金及其来源、财务收入和支出、财务成果及其分配的情况。它是财务决策的具体化，是财务控制的依据。

确定财务计划指标的方法一般有平衡法、因素法、比例法和定额法等。平衡法是指在编制财务计划时，利用有关指标客观存在的内在平衡关系来计算确定计划指标的方法。因素法又称因素推算法，是指在编制财务计划时，根据影响某项指标的各种因素推算该计划指标的方法。比例法又称比例计算法，是指在编制财务计划时，根据企业历史已经形成且比较稳定的各项指标之间的比例关系来计算计划指标的方法。定额法又称预算包干法，是指在编制财务计划时，以定额作为计划指标的一种方法。

（二）财务预算及其方法

财务预算是根据财务战略、财务计划和各种预测信息，确定预算期内各种预算指标的过程。它是财务计划的分解和落实。财务预算具体包括销售预算、生产预算、成本预算、现金预算、资本支出预算、预计资产负债表、预计利润表和预计现金流量表等。

财务预算的编制方法通常包括固定预算与弹性预算、增量预算与零基预算、定期预算与滚动预算等。

四、财务控制

（一）财务控制的概念

财务控制是指利用有关信息和特定手段，对企业的财务活动施加影响或调节，以便实现既定财务目标的过程。如果不能有效地对财务活动施加影响或进行调节，就无法管理。财务控制措施一般包括：预算控制、营运分析控制和绩效考评控制等。

（二）财务控制的方法

财务控制的方法通常有前馈控制、过程控制和反馈控制三种。前馈控制是指通过对实际财务系统运行的监测，运用科学方法预测可能出现的偏差，采取一定措施使差异得以消除的一种控制方法。过程控制是指运用一定的方法对正在发生的财务活动进行的控制。反馈性控制是在认真分析的基础上，发现实际与计划之间的差异，确定差异产生的原因，采取切实有效的措施，调整实际财务活动或调整财务计划，使差异得以消除或避免今后出现类似差异的一种控制方法。

五、财务分析与考核

（一）财务分析及其方法

财务分析是指根据企业财务报表等信息资料，采用专门方法，系统分析和评价企业财务状况、经营成果以及未来趋势的过程。通过财务分析，可以掌握各项财务计划指标的完成情况，评价财务状况，研究和掌握企业财务活动的规律性，改善财务预测、决策、计划和控制，提高企业经济效益，改善企业管理水平。

财务分析的方法通常有比较分析法、比率分析法、综合分析法等。比较分析法是指把主要项目或指标数值及其变化与设定的标准进行对比，以确定差异，进而分析、判断及评价企业经营与财务等情况的方法。比率分析法是指利用项目指标之间的相互关系，通过计算财务比率来观察、分析及评价企业财务状况、经营业绩和现金流量等财务及经营情况的分析方法。因素分析法是指依据财务指标与其影响因素之间的关系，按照一定的方法分析各因素对财务指标差异影响程度的一种分析方法。

（二）财务考核及其方法

财务考核是指将报告期实际完成数与规定的考核指标进行对比，确定有关责任单位和个人完成任务程度的过程。财务考核与奖惩紧密联系，既是贯彻责任制原则的要求，也是构建激励与约束机制的关键环节。

财务考核指标的形式多种多样，既可以用绝对指标、相对指标、完成百分比进行考核，也可采用多种财务指标进行综合评价考核。

第三节 财务管理的环境与原则

一、财务管理的环境

企业的财务管理环境又称理财环境，是指对企业财务活动和财务管理产生影响作用的企业内外部的各种条件。任何理财活动都是在一定环境之下开展的，所以，理财首先要分析财务管理环境的现状、变化及其趋势。通过环境分析，提高企业财务行为对环境的适应能力、应变能力和利用能力，以便更好地实现企业财务管理目标。

（一）财务管理环境的类别

从系统论的观点来看，所谓环境，就是指存在于研究系统之外的，对研究系统有影响作用的一切系统的总和。那么，财务管理以外的，对财务管理系统有影响作用的一切系统的总和，便构成财务管理的环境。如国家的政治经济形势，国家经济法规的完善程度，企业面临的市场状况，经济全球化的浪潮，信息技术、通信技术、电子商务的蓬勃发展，虚拟公司的兴起等，都会对财务管理产生重要影响，因此，都属于财务管理环境的组成内容。通过财务管理环境的概念可得知，财务管理环境是一个多层次、多方位的复杂系统，各因素纵横交错、相互制约，对企业财务管理有着重要影响。

为了能对财务管理的环境做更深入细致的研究，下面对企业财务管理环境进行简单分类。

1. 按财务管理包括的范围，可分为宏观理财环境和微观理财环境

（1）宏观理财环境是对财务管理有重要影响的宏观方面的各种因素，其内容十分广阔，包括经济、政治、社会、自然条件等各种因素。从经济角度来看，主要包括国家经济发展的水平、产业政策、金融市场状况等。宏观理财环境的变化，一般对各类企业的财务管理均产生影响。

（2）微观理财环境是对财务管理有重要影响的微观方面的各种因素，如企业的组织结构、生产经营活动、产品的市场销售状况等。微观环境的变化一般只对特定企业的财务管理产生影响。

2. 按财务管理与企业的关系，可分为内部财务管理环境和外部财务管理环境

（1）企业内部财务管理环境是指企业内部的影响财务管理的各种因素，如企业的生产状况、技术状况、经营规模、资产结构、生产经营周期等。内部环境较简单，具有比较容易把握和加以利用等特点。

（2）企业外部财务管理环境是指企业外部的影响财务管理的各种因素，如国家政治、经济形势、法律制度、企业所面临的市场状况以及国际财务管理环境等。外部环境构成比较复杂，需要认真调查，搜集资料，以便分析研究，全面认识。

3. 按财务管理环境变化的情况，可分为静态财务管理环境和动态财务管理环境

（1）静态财务管理环境是指那些处于相对稳定状态的影响财务管理的各种因素，它对财务管理的影响程度相对平衡，起伏不大。因此，对这些环境无须经常予以调整、研究，而是作为已知条件来对待。财务管理环境中的地理环境、法律制度等，属于静态财务管理环境。

（2）动态财务管理环境是指那些处于不断变化状态的、影响财务管理的各种因素。例如，在市场经济体制下，商品市场上的销售量及销售价格，资金市场的资金供求状况及利息率的高低，都是不断变化的，属于动态财务管理环境。在财务管理中，应重点研究、分析动态财务管理环境，并及时采取相应对策，提高对财务管理环境的适应能力和应变能力。

（二）企业外部财务环境的影响因素

由于内部财务环境存在于企业内部，是企业可以从总体上采取一定的措施施加控制和改变的因素。而外部财务环境，由于存在于企业外部，它们对企业财务行为的影响无论是有形的硬环境，还是无形的软环境，企业都难以控制和改变，更多的是适应和因势利导。因此此处主要介绍外部财务环境。影响企业外部财务环境有各种因素，包括政治、经济、金融、法律、技术、文化等许多方面，其中最主要的有经济环境、法律环境和金融环境等因素。

1. 经济环境因素

企业的理财活动必须融于宏观经济运行中，微观理财主体的投入产出效益和宏观经济环境是密切相连的，因此，才有所谓股市是宏观经济的晴雨表之说。宏观经济环境也是一个十分宽泛的概念，大的方面包括世界经济环境、洲际经济环境、国家或地区的经济环境；小的方面包括行业经济环境、产品的市场经济环境等方面。无论是哪一方面，对其做出正确的分析、评估，都是企业采取适应性财务行为、规避风险的基本条件。

(1) 经济周期。经济周期是指总体经济活动的扩张和收缩交替反复出现的过程，也称经济波动。每一个经济周期都可以分为上升和下降两个阶段。上升阶段也称为繁荣，最高点称为顶峰。然而，顶峰也是经济由盛转衰的转折点，此后经济就进入下降阶段，即衰退。衰退严重则经济进入萧条，衰退的最低点称为谷底。当然，谷底也是经济由衰转盛的一个转折点，此后经济进入上升阶段。经济从一个顶峰到另一个顶峰，或者从一个谷底到另一个谷底，就是一次完整的经济周期。现代经济学关于经济周期的定义，建立在经济增长率变化的基础上，指的是增长率上升和下降的交替过程。

经济周期的各个阶段都具有一些典型特征，内容大致如下：

繁荣阶段：该阶段的经济活动水平高于趋势水平，经济活动较为活跃，需求不断增加，产品销售通畅，投资持续增加，产量不断上升，就业不断扩大，产出水平逐渐达到高水平，经济持续扩张。不过，繁荣阶段一般持续时间不长，当需求扩张开始减速时会诱发投资减速，经济就会从峰顶开始滑落。通常当国内生产总值连续两个季度下降时，可以认为经济已经走向衰退。

衰退阶段：该阶段经济活动水平开始下降，消费需求也开始萎缩，闲置生产能力开始增加，企业投资开始以更大的幅度下滑，产出增长势头受到抑制，国民收入水平和需求水平进一步下降，最终将使经济走向萧条阶段。

萧条阶段：这时，经济处于收缩较为严重的时期，逐渐降到低水平，即低于长期趋势值，就业减少，失业水平提高，企业投资降至低谷，一般物价水平也在持续下跌。当萧条持续一段时间后，闲置生产能力因投资在前些阶段减少逐渐耗尽，投资开始出现缓慢回升，需求水平开始出现增长，经济逐渐走向复苏阶段。

复苏阶段：这时经济活动走向上升通道，经济活动开始趋于活跃，投资开始加速增长，需求水平也开始逐渐高涨，就业水平提高，失业水平下降，产出水平不断增加。随着经济活动不断恢复，整个经济走向下一个周期的繁荣阶段。

在市场经济条件下，企业家们越来越多地关心经济形势，也就是"经济大气候"的变化。一个企业生产经营状况的好坏，既受其内部条件的影响，又受其外部宏观经济环境和市场环境的影响。一个企业无力决定它的外部环境，但可以通过内部条件的改善来积极适应外部环境的变化，充分利用外部环境，并在一定范围内改变自己的小环境，以增强自身活力，扩大市场占有率。因此，作为企业家对经济周期波动必须了解、把握，并能制订相应的对策来适应周期的波动，否则将在波动中丧失生机。

经济周期波动的扩张阶段，是宏观经济环境和市场环境日益活跃的阶段。这时，市场需求旺盛，订货饱满，商品畅销，生产趋升，资金周转灵便。企业的供、产、销和人、财、物都比较好安排，企业处于较为宽松有利的外部环境中。

经济周期波动的收缩阶段，是宏观经济环境和市场环境日趋紧缩的阶段。这时，市场需求疲软，订货不足，商品滞销，生产下降，资金周转不畅。企业在供、产、销和人、财、物方面都会遇到很多困难。企业处于较恶劣的外部环境中。经济的衰退既有破坏作用，又有"自动调节"作用。在经济衰退中，一些企业破产，退出商海；一些企业亏损，陷入困境，寻求新的出路；还有一些企业顶住恶劣的气候，在逆境中站稳了脚跟，并求得新的生存和发展。这就是市场经济下"优胜劣汰"的企业生存法则。

对于企业来说，对经济运行周期阶段的识别与评判是评价经济发展现状、预测经济发展趋势的重要前提，也是企业正确规划财务发展战略、选择财务政策的基本前提。

（2）经济发展状况。经济发展状况是指宏观经济的短期运行特征。国家统计部门会定期公布经济发展状况的各种经济指标，如经济增长速度、失业率、物价指数、进出口贸易额增长率、税收收入以及各个行业的经济发展状况指标等。对各种经济发展状况指标的跟踪观察有利于企业正确把握宏观经济运行的态势，及时调整财务管理策略。任何国家的经济发展都不可能呈长期的快速增长之势，而总是表现为"波浪式前进，螺旋式上升"的状态。当经济发展处于繁荣时期，经济发展速度较快，市场需求旺盛，销售额大幅度上升。企业为了扩大生产，需要增加投资，与此相适应则需筹集大量的资金以满足投资扩张的需要。当经济发展处于衰退时期，经济发展速度缓慢，甚至出现负增长，企业的产量和销售量下降，投资锐减，资金时而紧缺、时而闲置，财务运作出现较大困难。另外，经济发展中的通货膨胀也会给企业财务管理带来较大的不利影响，主要表现在：资金占用额迅速增加；利率上升，企业筹资成本加大；证券价格下跌，筹资难度增加；利润虚增、资金流失。

（3）宏观调控政策。宏观调控政策是政府对宏观经济进行干预的重要手段，主要包括产业政策、金融政策和财政政策等。政府通过宏观经济政策的调整引导微观财务主体的经济行为，达到调控宏观经济的目的。这些宏观经济调控政策对企业财务管理的影响是直接的，企业必须按国家政策办事，否则将寸步难行。例如，国家采取收缩的调控政策时，会导致企业的现金流入减少，现金流出增加、资金紧张、投资压缩；反之，当国家采取扩张的调控政策时，企业财务管理则会出现与之相反的情形。所以，作为微观的市场竞争主体，企业必须关注宏观经济政策的取向及其对企业经济行为的影响，并根据宏观经济政策的变化及时调整自身的行为，以规避政策性风险对企业财务运行的影响。

2. 金融环境因素

企业总是需要资金从事投资和经营活动。而资金的取得，除了自有资金外，主要从金融机构和金融市场取得。金融政策的变化必然影响企业的筹资、投资和资金运营活动。所以，金融环境是企业最主要的环境因素之一。

（1）金融市场。金融市场是指资金筹集的场所。广义的金融市场是指一切资本流动（包括实物资本和货币资本）的场所，其交易对象为：货币借贷、票据承兑和贴现、有价证券的买卖、黄金和外汇买卖、办理国内外保险、生产资料的产权交换等。狭义的金融市场一般是指有价证券市场，即股票和债券的发行和买卖市场。

第一，金融市场分类。

按交易的期限分为短期资金市场和长期资金市场。短期资金市场是指期限不超过一年的资金交易市场，因为短期有价证券易于变成货币或作为货币使用，所以也叫货币市场。长期资金市场，是指期限在一年以上的股票和债券交易市场，因为发行股票和债券主要用于固定资产等资本货物的购置，所以也叫资本市场。

按交易的性质分为发行市场和流通市场。发行市场是指从事新证券和票据等金融工具买卖的转让市场，也叫初级市场或一级市场。流通市场是指从事已上市的旧证券或票据等金融工具买卖的转让市场，也叫次级市场或二级市场。

按交易的直接对象分为同业拆借市场、国债市场、企业债券市场、股票市场和金融期货市场等。

按交割的时间分为现货市场和期货市场。现货市场是指买卖双方成交后，当场或几天之内买方付款、卖方交出证券的交易市场。期货市场是指买卖双方成交后，在双方约定的未来某一特定的时日进行交割的交易市场。

第二，金融市场对财务管理的影响。

金融市场为企业提供了良好的投资和筹资的场所。金融市场能够为资本所有者提供多种投资渠道，为资本筹集者提供多种可供选择的筹资方式。企业需要资金时，可以到金融市场选择适合自己需要的方式筹资。企业有了剩余的资金，也可以在市场上选择合适的投资方式，为其资金寻找出路。

促进企业资本灵活转换。企业可通过金融市场将长期资金，如将股票、债券变现转为短期资金；也可以通过金融市场将短期资金转化为长期资金，如购进股票、债券等。金融市场为企业的长短期资金相互转化提供了方便。

金融市场为企业财务管理提供有意义的信息。金融市场的利率变动反映资金的供求状况，有价证券市场的行情反映投资人对企业经营状况和盈利水平的评价。这些都是企业生产经营和财务管理的重要依据。

（2）金融机构。金融机构包括银行业金融机构和其他金融机构。社会资金从资金供应者手中转移到资金需求者手中，大多要通过金融机构。

第一，中国人民银行。中国人民银行是我国的中央银行，它代表政府管理全国的金融机构和金融活动，经理国库。其主要职责是制定和实施货币政策，保持货币币值稳定；依法对金融机构进行监督管理，维持金融业的合法、稳健运行；维护支付和清算系统的正常运行；持有、管理、经营国家外汇储备和黄金储备；代理国库和其他与政府有关的金融业务；代表政府从事有关的国际金融活动。

第二，政策银行。政策性银行，是指由政府设立，以贯彻国家产业政策、区域发展政策为目的，不以盈利为目的的金融机构。政策性银行与商业银行相比，其特点在于：不面向公众吸收存款，而以财政拨款和发行政策性金融债券为主要资金来源；其资本主要由政府拨付；不以盈利为目的，经营时主要考虑国家的整体利益和社会效益；其服务领域主要是对国民经济发展和社会稳定有重要意义，而商业银行出于盈利目的不愿借贷的领域；一般不普遍设立分支机构，其业务由商业银行代理。但是，政策性银行的资金并非财政资金，也必须有偿使用，对贷款也要进行严格审查，并要求还本付息、周转使用。

第三，商业银行。商业银行是以经营存款、放款、办理转账结算为主要业务，以盈利为主要经营目标的金融企业。我国的商业银行可以分成三类：①国有独资商业银行，是由国家专业银行演变而来的，包括中国工商银行、中国农业银行、中国银行、中国建设银行。②股份制商业银行，是1987年以后发展起来的，包括交通银行、深圳发展银行、中信实业银行、中国光大银行、华夏银行、招商银行、兴业银行、上海浦东发展银行、中国民生银行以及各地方的商业银行、城市信用合作社等。③外资银行，按照中国与世界贸易组织签订的协议，中国金融市场要逐渐对外开放，外资银行可以在中国境内设立分支机构或营业网点，可以经营人民币业务。

第四，非银行金融机构。目前，我国主要的非银行金融机构有金融资产管理公司、保险公司、信托投资公司、证券机构、财务公司、金融租赁公司。

金融资产管理公司的主要使命是收购、管理、处置商业银行剥离的不良资产。

保险公司，主要经营保险业务，包括财产保险、责任保险、保证保险和人身保险。目前，我国保险公司的资金运用被严格限制在银行存款、政府债券、金融债券和投资基金范围内。

信托投资公司，主要是以受托人的身份代人理财。其主要业务有经营资金、财产委托、代理资产保管、金融租赁、经济咨询以及投资等。

证券机构，是指从事证券业务的机构，包括：①证券公司，其主要业务是推销政府债券、企业债券和股票，代理买卖和自营买卖已上市流通的各类有价证券，参与企业收购、兼并，充当企业财务顾问等。②证券交易所，提供证券交易的场所和设施，制定证券交易的业务规则，接受公司上市申请并安排上市，组织、监督证券交易，对会员和上市公司进行监管等。③登记结算公司，主要是办理股票交易中所有权转移时的过户和资金的结算。

财务公司，通常类似于投资银行。我国的财务公司是由企业集团内部各成员单位入股，向社会募集中长期资金，为企业技术进步服务的金融股份有限公司。它的业务被限定在本集团内，不得从企业集团之外吸收存款，也不得对非集团单位和个人贷款。自1987年我国第一家企业集团财务公司——东风汽车工业财务公司成立之日起，至今全国能源电力、航天航空、石油化工、钢铁冶金、机械制造等关系国计民生的基础产业和各个重要领域的大型企业集团几乎都拥有了自己的财务公司。

金融租赁公司，是指办理筹资租赁业务的公司组织。其主要业务有动产和不动产的租赁、转租赁、回租租赁、委托租赁等。

（3）金融市场利率。在金融市场上，利率是资金使用权的价格，其计算公式为：

$$利率 = 纯利率 + 通货膨胀附加率 + 风险附加率 \qquad (1-1)$$

纯利率是指没有风险和通货膨胀情况下的均衡利率。在没有通货膨胀时，国库券的利率可以视为纯利率。

通货膨胀附加率是由于通货膨胀会降低货币的实际购买力，为弥补其购买力损失而在纯利率的基础上加上通货膨胀附加率。

风险附加率是由于存在违约风险、流动性风险和期限风险而要求在纯利率和通货膨胀之外附加的利率。其中，违约风险附加率是指为了弥补因债务人无法按时还本付息而带来的风险，由债权人要求附加的利率；流动性风险附加率是指为了弥补因债务人资产流动不好而带来的风险，由债权人要求附加的利率；期限风险附加率是指为了弥补因偿债期长而带来的风险，由债权人要求附加的利率。

3. 法律环境因素

财务管理的法律环境是指企业和外部发生经济关系时所应遵守的各种法律、法规和规章。企业在其经营活动中，要和国家、其他企业或社会组织、企业职工或其他公民，以及国外的经济组织或个人发生经济关系。国家管理这些经济活动和经济关系的手段包括行政手段、经济手段和法律手段三种。

在市场经济条件下，行政手段逐步减少，而经济手段，特别是法律手段日益增多，越来越多的经济关系和经济活动的准则用法律的形式固定下来。同时，众多的经济手段和必要的行政手段的使用，也必须逐步做到有法可依，从而转化为法律手段的具体形式，真正实现国民经济管理的法治化。一方面，法律提出了企业从事一切经济业务所必须遵守的规范，从而对企业的经济行为进行约束；另一方面，法律也为企业合法从事各项经济活动提供了保护。

《企业财务通则》是企业财务管理的基本准则，也是各类企业进行财务活动、实施财务管理的基本规范。《企业财务通则》明确其适用于在中华人民共和国境内依法设立的具备法人资格的国有及国有控股企业，金融企业除外。由于金融企业在资产管理、财务运行、财务风险控制、财政监管等方面具有一定特殊性，中华人民共和国财政部专门发布了《金融企业财务规则》，该规则适用于在我国境内依法设立的国有及国有控股金融企业、金融控股公司、担保公司、城市商业银行、农村商业银行、农村合作银行和信用社。

二、财务管理的原则

财务管理原则，也称理财原则，既是进行企业财务管理所应遵循的指导性的理念或标准，也是人们对财务活动的共同的、理性的认识；既是联系理论与实务的纽带，也是为实践所证明了的并且为多数理财人员所接受的理财行为准则，还是财务理论和财务决策的基础。

（一）系统原则

财务管理从资金筹集开始，到资金收回为止，经历了资金筹集、资金投放、资金收回与资金分配等几个阶段，这几个阶段互相联系、互相作用，组成一个整体，具有系统的性质。

为此，做好财务管理工作，必须从财务管理系统的内部和外部联系出发，从各组成部分的协调和统一出发，这就是财务管理的系统原则。在财务管理中应用系统原则，中心是在管理中体现系统的基本特征。

第一，系统具有目的性。

第二，系统具有整体性：只有整体最优的系统才是最优系统，各财务管理系统必须围绕整个企业理财目标进行。

第三，系统具有层次性：在企业资源配置方面，应注意结构比例优化，从而保证整体优化。

第四，系统具有环境适应性：在理财环境中必须保持适当的弹性，以适应环境的变化。

系统原则是财务管理的一项基本原则，在财务管理实践中，分级分口管理、目标利润管理、投资项目的可行性分析都是根据这一原则来进行的。

（二）平衡原则

在财务管理中，要力求使资金的收支在数量上和时间上达到动态的协调平衡，这就是财务管理的平衡原则。资金收支动态的平衡公式为：

$$目前现金余额+预计现金收入-预计现金支出=预计现金余额 \qquad (1-2)$$

如果预计的现金余额远远低于理想的现金余额，则应积极筹措资金，以弥补现金的不足；如果预计的现金余额远远大于理想的现金余额，应积极组织还款或进行投资，以保持资金收支上的动态平衡，实现收支相抵，略有结余。

平衡原则也是财务管理的一项基本原则，财务管理的过程就是追求平衡的过程。在财务管理实践中，现金的收支计划、企业证券投资决策、企业筹资数量决策，都必须在这一原则指导下进行。

（三）弹性原则

在财务管理中，必须在追求准确和节约的同时，留有合理的伸缩余地，这就是财务管理的弹性原则。

财务管理之所以要保持合理的弹性，主要原因是：①财务管理的环境是复杂多变的，企业缺乏完全的控制能力；②企业财务管理人员的素质和能力也不可能达到理想的境界，因而在管理中可能会出现失误；③财务预测、财务决策、财务计划都是对未来的一种大致的规划，也不可能完全准确。为此，就要求在管理的各个方面和各个环节保持可调节的余地。

弹性原则是财务管理中必须遵循的一项原则。在财务管理中，只有允许各子系统都保持一定的弹性，才能保证财务管理系统的整体具有确定性。财务管理实践中，对现金、存货留有一定的保险储备，在编制财务计划时留有余地，都是弹性原则的具体应用。

（四）比例原则

财务管理除了对绝对量进行规划和控制外，还必须通过各因素之间的比例关系来发现管理中存在的问题，采取相应的措施，使有关比例趋于合理，这便是财务管理的比例原则。

比例原则是财务管理的一项重要原则。在财务管理实践中，财务分析中的比率分析、企业筹资中的资本结构决策、企业投资中的投资组合决策都必须贯彻这一原则。

（五）优化原则

财务管理过程是一个不断地进行分析、比较和选择，以实现最优的过程，这就是财务管理的优化原则。

在财务管理中贯彻优化原则，主要包括以下三方面内容：

第一，多方案的最优选择问题。

第二，最优总量的确定问题。

第三，最优比例关系的确定问题。

优化原则是财务管理的重要原则，财务管理的过程就是优化过程。如果不需要优化，管理就失去了意义。

第二章 财务管理的价值观念

第一节 资金的时间价值

资金的时间价值，是指一定量的货币在不同时点上的价值量差额。资金的时间价值来源于货币进入社会再生产过程后投资和再投资的价值增值。通常来说，它是指在没有风险和没有通货膨胀的情况下社会平均利润率，是利润平均化规律发生作用的结果。现在的 100 元和一年后的 100 元是不等值的，现在的 100 元要比一年后的 100 元经济价值更大一些。比如，现在存入银行 100 元，在年利率为 10%的情况下，一年后可以得到 110 元。这 100 元在经过了一年的投资后，发生了 10 元的价值增值。这 10 元就是 100 元在不同时点上的价值量差额，即资金的时间价值。

资金的时间价值可以用绝对数表示，也可以用相对数表示，用绝对数表示即利息额。用相对数字表示，即用增加的价值占投入货币的百分数，即利息率。用相对数表示的货币的时间价值也称为纯利率。

一、复利终值和现值

终值又称将来值、本利和，是现在一定量的货币折算到未来某一时点所对应的金额，通常计作 F。现值又称本金，是未来某一时点上一定量的货币折算到现在所对应的金额，通常计作 P。现值和终值是一定量货币在前后两个不同时点上对应的价值，其差额即为资金的时间价值。利率是资金的时间价值的一种具体表现，现值与终值之间的间隔期即为计息期。现值和终值之间存在着一定的函数关系，可以相互转换，为了方便计算，假定有关字母符合的含义为：I 为利息，F

为终值，P 为现值，A 为年金，i 为利率（或折现率），n 为计算利息的期数。

根据计息方式的不同，有单利和复利两种不同的计息方式。

（一）单利终值和现值计算

1. 单利终值

单利，又称单利计息，是指仅按照本金计算利息，所生利息不再计算利息的一种计息方法。通常适用于短期借款和短期投资。

单利终值是指某一特定金额在单利计息条件下若干年后的本利和。

单利终值的计算公式为：

$$F = P \times (1 + i \times n) \tag{2-1}$$

2. 单利现值

单利现值是指未来某一时点的特定金额在单利计息条件下的现在价值。用终值计算现值的过程称为折现，单利现值为单利终值的逆运算，单利现值的计算公式为：

$$P = \frac{F}{1 + n \times i} \tag{2-2}$$

（二）复利终值和现值的计算

复利计算方法是指每经过一个计息期，要将该期的利息加入本金再计算利息，逐期滚动计算，俗称"利滚利"。一个计息期，是指相邻两次计息的间隔，如年、半年、月、日等。一般来说，除非特别说明，一个计息期为一年。

根据资金时间价值理论，可以将不同时点的资金折算为其他时点的价值金额。在换算时广泛使用复利计算方法。

1. 复利终值

复利终值指现在的一定量的资金按复利计算方法，折算到将来某一定时点的价值，或者说是一定的本金在将来一定时间，按复利计算的若干年后的本利和。

复利终值的计算公式如下：

$$F = P (1 + i)^n \tag{2-3}$$

2. 复利现值

复利现值是指未来某一时期一定量的资金，按复利计算方法，折算到现在的价值。或者说是为取得将来一定本利和，现在所需要的本金。复利现值的计算公式如下：

$$P = \frac{F}{(1+i)^n} \qquad (2-4)$$

公式中的 $1/(1+i)^n$ 称为复利现值系数，用符号 $(P/F, i, n)$ 来表示，即 $P = F(P/F, i, n)$。

二、年金

年金，是指一定时期内间隔期相等的系列等额收付款项，记作 A。年金形式多种多样，例如，等额分期付款、分期偿还贷款、分期支付工程款等，都属于年金的收付形式。按照每次款项收付时点的不同，年金分为普通年金、预付年金、递延年金、永续年金等。普通年金和预付年金的区别仅在于收付款时间的不同，普通年金发生在期末，而预付年金发生在期初。永续年金是指等额的收付是无期限的，其没有到期日。在年金中，系列等额收付间隔期间可以不是一年，只需要间隔期相等即可，例如每季末等额支付的债务利息就是年金。

（一）普通年金

普通年金，又称后付年金，是年金的最基本形式，它是指从第一期起，在一定时期内等额收付的系列款项发生在每期期末。

1. 普通年金终值计算

普通年金终值是指在一定期间内每期期末等额收付款项的复利终值之和，是最后一次收付的本利和。

普通年金终值的计算实际上是已知年金 A，求终值 F_A。即：

$$F_A = A + A(1+i) + A(1+i)^2 + \cdots + A(1+i)^{n-1}$$

$$F_A = A \times \frac{(1+i)^n - 1}{i} = A \times (F/A, i, n) \qquad (2-5)$$

公式中的 $\dfrac{(1+i)^n-1}{i}$ 称为"年金终值系数"，记作 $(F/A, i, n)$，可直接查阅"年金终值系数表"得到，$(F/A, i, n)$ 中的 n 指的是等额收付的次数，即 A 的个数。

2. 普通年金现值计算

普通年金现值是指将一定时期内各期等额收付金额折算到第一期期初（0时点）的复利现值之和。

计算普通年金现值的一般公式如下：

$$P = A(1+i)^{-1} + A(1+i)^{-2} + \cdots + A(1+i)^{-n}$$

$$P_A = A \times \frac{1-(1+i)^{-n}}{i} = A \times (P/A, i, n) \tag{2-6}$$

公式中的 $\dfrac{1-(1+i)^{-n}}{i}$ 称为"年金现值系数"，记作 $(P/A, i, n)$，可直接查阅"年金现值系数表"得到，$(P/A, i, n)$ 中的 n 指的是等额收付的次数，即 A 的个数。

（二）预付年金

预付年金，又称现付年金或即付年金，它是指从第一期起，在一定时期内等额收付的系列款项发生在每期期初。

1. 预付年金终值计算

预付年金终值是指在一定期间内每期期初等额收付款项的复利终值之和，是最后一次收付的本利和。

预付年金终值的计算实际上是已知年金 A，求终值 F_A。即：

$$F_A = A(1+i) + A(1+i)^2 + \cdots + A(1+i)^n$$

$$F_A = A \times \frac{(1+i)^n-1}{i} \times (1+i) = A \times \left[\frac{(1+i)^{n+1}-1}{i} - 1 \right] \tag{2-7}$$

公式中的 $\dfrac{(1+i)^{n+1}}{i} - 1$ 称为"预付年金终值系数"，它跟普通年金终值系数相比，期数加1，系数减1，可记作 $[(F/A, i, n+1)-1]$，查阅"普通年金终值系数表"（$n+1$）期的值，然后减去 1 后得出预付年金终值系数。因此，预付年金终值的计算公式为：

$$F_A = A \times [(F/A, i, n+1) - 1] \tag{2-8}$$

2. 预付年金现值计算

预付年金现值是指将一定时期内各期等额收付金额折算到第一期期初（0 时点）的复利现值之和。

计算预付年金现值的一般公式如下：

$$P = A + A(1+i)^{-1} + A(1+i)^{-2} + \cdots + A(1+i)^{-(n-1)}$$

$$P_A = A \times \frac{1-(1+i)^{-n}}{i} \times (1+i) = A \times \left[\frac{1-(1+i)^{-(n-1)}}{i} + 1 \right] \tag{2-9}$$

公式中的 $\dfrac{1-(1+i)^{-(n-1)}}{i} + 1$ 称为"预付年金现值系数"，它与普通年金现值系数相比，期数减 1，系数加 1，可记作 $(P/A, i, n-1) + 1$，查阅"普通年金现值系数表"（$n-1$）期的值，然后加上 1 后得出预付年金现值系数。因此，预付年金现值的计算公式为：

$$P_A = A \times [(P/A, i, n-1) + 1] \tag{2-10}$$

三、利率

"利率是资金的价格，对宏观经济均衡和资源配置有重要导向意义。作为反映资金稀缺程度的信号，利率与劳动力工资、土地地租一样，是重要的生产要素价格，同时，利率也是对延期消费的报酬。"[1]

（一）利率计算

复利计息方式下，利率与现值或终值系数之间存在一定的数量关系。已知现值或终值系数，可以通过插值法计算对应的利率。利率计算步骤如下：

首先，查阅相应的系数表，如果能在表中查到相应的数值，则对应的利率就是所求的利率。

---

[1] 易纲. 中国的利率体系与利率市场化改革 [J]. 金融研究, 2021 (9): 1.

其次，如果在系数表中无法查到相应的数值，则使用插值法计算。假设所求利率为 i，i 对应的现值（或者终值）系数为 B，B_1、B_2 为现值（或者终值）系数表中与 B 相邻的系数，一个系数大于 B，另一个系数小于 B，i_1、i_2 为 B_1、B_2 对应的利率。可以按照下面的公式计算：

$$i = i_1 + \frac{B - B_1}{B_2 - B_1} \times (i_2 - i_1) \tag{2-11}$$

（二）名义利率与实际利率

名义利率，是央行或其他金融机构所公布的年利率，当利息在一年内要复利几次时，所给出的年利率为名义利率。实际利率，是指考虑了复利次数和通货膨胀率之后的利率。

1. 一年复利多次的实际利率

如果以年为基本计息期，每年计算一次复利，则年利率就是名义利率，也是实际利率；如果按照短于一年的计息期在一年中多次计息，则这时给出的年利率是名义利率，而非实际利率。

名义利率与实际利率的换算公式如下：

$$i = \left(1 + \frac{r}{m}\right)^m - 1 \tag{2-12}$$

式中：i——实际利率；

$\qquad r$——名义利率；

$\qquad m$——每年复利计息的次数。

2. 通货膨胀情况下的实际利率

在通货膨胀情况下，央行或其他提供资金借贷的机构所公布的利率是未调整通货膨胀因素的名义利率，即名义利率中包含通货膨胀率。实际利率是指剔除通货膨胀率后储户或投资者得到利息回报的真实利率。实际利率的计算公式为：

$$实际利率 = \frac{1 + 名义利率}{1 + 通货膨胀率} - 1 \tag{2-13}$$

第二节　风险与收益

风险是预期结果的不确定性。风险不仅可以带来超出预期的损失，也可能带来超出预期的收益，但人们考虑更多的则是损失发生的可能性。从财务管理的角度看，风险是企业在各项财务活动过程中，由于各种难以预料或无法控制的因素作用，使企业的实际收益与预计收益发生背离，从而蒙受经济损失的可能性。

一、风险的类别

（一）经营风险和财务风险

根据风险形成原因可分为经营风险和财务风险。

1. 经营风险

经营风险是指因生产经营的不确定性而给企业带来的风险。企业的供应、生产、销售等各种生产经营活动都存在着很大的不确定性，都会给企业带来影响，因而经营风险是普遍存在的。例如，原材料价格的波动、新竞争对手的出现、销售决策的失误等，这些不确定性是企业不能控制的，会给企业带来风险。

2. 财务风险

财务风险是指由于借款而给企业带来的可能影响，是筹资决策所带来的风险，也称筹资风险。企业借款，虽然可以解决企业资金短缺的困难，但也改变了企业的资金结构和自有资金利润率，而且借款还需还本付息，然而借入资金所获收益是否大于所需支付的利息，具有不确定性，因此借款会增加企业的偿债风险。在企业的资金来源中，借入资金所占比重越大，企业的负担就越重，风险程度也就越高。

（二）系统风险和非系统风险

从证券市场及投资组合的角度看，可分为系统风险和非系统风险。

1. 系统风险

系统风险又被称为市场风险或不可分散风险，是影响所有资产的、不能通过资产组合而消除的风险。这部分风险是由那些影响整个市场的风险因素所引起的。这些因素包括宏观经济形势的变动、国家经济政策的变化、税制改革、企业会计准则改革、世界能源状况、政治因素等。

2. 非系统风险

非系统风险是指发生于个别公司的特有事件造成的风险，又称可分散风险、公司特有风险。例如，新产品开发失败、失去重要的销售合同、诉讼失败等。这类事件是非预期的、随机发生的，它只影响一个或少数公司，不会对整个市场产生太大影响。这种风险可以通过资产组合来分散，即发生于一家公司的不利事件可以被其他公司的有利事件所抵销。

（三）违约风险、流动风险和期限性风险

从风险的表现形式看，可以把风险分为违约风险、流动性风险和期限性风险。

1. 违约风险

违约风险是指借款人不能到期支付利息或未如期偿还款项而给债权人带来的风险。

2. 流动性风险

流动性风险是指无法在不增加成本或资产价值不发生损失的条件下及时满足客户动流性需求的可能性。

3. 期限性风险

期限性风险是指由于债券期限长而给投资者带来的风险。

二、投资风险收益

（一）风险收益与风险的关系

投资风险价值表示因承担该项资产的风险而要求的额外补偿，其大小由其所

承担的风险的大小及投资者对风险的偏好程度决定。如果大家都愿意冒风险，风险价值系数就小，风险报酬也就小；反之，风险报酬就大。一般而言，企业投资或经营所冒的风险越大，得到的风险报酬也就越高。表示风险报酬的风险报酬率与反映风险程度的标准离差率成正比关系。标准离差率转换为风险报酬率，需要借助风险价值系数。风险价值就是风险价值系数与标准离差率的乘积。其计算公式为：

$$风险报酬率 = b \times v \tag{2-14}$$

式中：b——风险价值系数；

v——标准离差率。

风险价值系数的计算可以根据以往同类项目的有关历史数据计算分析得到，也可以根据企业管理者或有关专家的经验分析判断得到，或者参考国家有关部门提供的资料确定，但是，由于风险价值系数受投资者对风险大小的偏好影响，因此，风险价值的计算不可能做到精准。研究投资风险价值的关键在于，企业在进行投资时，要树立起风险价值观念，认真权衡风险与收益的关系。

（二）风险的偏好和对策

1. 风险偏好

风险偏好是指为了实现目标，企业或个体投资者在承担风险的种类、大小等方面的基本态度。根据人们的效用函数的不同，风险偏好可以做以下分类：

（1）风险回避者。预期收益率相同时，风险回避者都会偏好于具有低风险的资产。而对于同样风险的资产，它们则都会钟情于具有高预期收益的资产。当一项资产具有较高的预期收益率同时也承担较高的风险，而另一项资产承担较低的风险同时只能获得较低的收益率时，投资者的选择取决于他们对风险的偏好。对风险回避愿望越强烈，要求的风险收益就越高。一般来说，我们都假设投资者和企业管理者都是风险回避者。

（2）风险追求者。风险追求者主动追求风险，喜欢收益的波动胜于喜欢收益的稳定。它们选择资产的原则是：当预期收益相同时，选择风险大的，因为这会给他们带来更大的效用。

（3）风险中立者。风险中立者既不回避风险，也不主动追求风险。他们选择资产的唯一标准是预期收益的大小，而不管风险状况如何。

2. 风险对策

（1）规避风险。规避风险是所有企业应首先考虑的风险对策。当资产风险所造成的损失不能由该资产可能获得的收益予以抵销时，应当改变计划，以规避风险。例如，拒绝与不守信用的厂商业务往来；放弃可能导致亏损的投资项目。

（2）降低风险。降低风险就是设法将负面风险事件的概率和后果降低。主要有两方面的含义：①控制风险因素，减少风险的发生。②控制风险发生的频率和降低风险损害程度。

降低风险的常用方法有：对经济活动进行准确的预测；对决策进行多方案优选；及时获取政策信息；在研发新产品前进行充分的市场调研；选择有弹性的、抗风险能力强的技术方案；采用多领域、多地域、多项目、多品种的经营或投资以分散风险。

3. 转移风险

风险转移就是设法将风险结果和对风险应对的权利转移给第三方。比如，向专业性保险公司投保；采取合资、联营、增发新股、发行债券等措施实现风险共担；通过技术转让、战略联盟、业务外包等实现风险转移。

4. 接受风险

对于企业有能力承受的风险，企业可以采取风险自担和风险自保两种。风险自担是指风险损失发生时，直接将损失摊入成本、费用或冲减利润；风险自保是指企业预留一笔风险金或随着生产经营的进行，有计划地计提资产减值准备等。

第三节　成本性态分析

一、成本性态

成本性态又称成本习性，是指一定条件下成本总额与业务量（产量或销售量）之间的依存关系。当企业的业务量水平提高或降低时，一项特定的成本可能随之提高或者降低或者不变，这就是不同成本所表现出的成本习性。成本总额是指为取得营业收入而发生的全部成本费用，包括全部生产成本和销售费用、管理费用、财务费用等期间费用。

成本性态分析就是研究成本与业务量之间的依存关系，从而在数量上具体掌握成本与业务量之间的变动规律。成本性目态分析有利于事前控制成本和挖掘降低成本的潜力，还有助于进行科学的预测，以便为企业正确地进行最优管理决策和改善经营管理提供有价值的资料。成本性态分析对短期经营决策、长期投资决策、预算编制、业绩考评以及成本控制等具有重要意义。按照成本习性可以将企业的全部成本分为固定成本、变动成本和混合成本三大类。

二、固定成本

（一）固定成本的特征

固定成本是指在一定业务量范围内，成本总额不随业务量的变化而保持固定不变的那部分成本。固定成本一般包括房屋租赁费、保险费、广告费、管理人员薪酬、直线法计提的固定资产折旧费等。固定成本的特征主要有两个：①固定成本总额不随业务量变动而保持固定不变。②单位固定成本与业务量呈反比例变动。

（二）固定成本分类

固定成本按其是否受企业管理当局短期决策行为的影响而分为约束性固定成本与酌量性固定成本。区分固定成本的意义在于寻求降低固定成本的正确途径。

1. 约束性固定成本

约束性固定成本是指管理当局的短期（经营）决策行为不能改变其具体数额的固定成本。例如，保险费、房屋租金、设备折旧费、管理人员的基本工资等。约束性固定成本是形成和维持企业最起码生产经营能力的成本，是企业的生产能力一经形成就必然要发生的最低支出，即使生产中断也仍然要发生，是企业经营业务必须负担的最低成本。由于约束性固定成本一般是由既定的生产能力所决定的，是维护企业正常生产经营必不可少的成本，所以也称为经营能力成本。这类成本一旦形成，在短期内就不应轻易缩减，否则会破坏企业的经营能力，所以对约束性固定成本只能从合理充分地利用它创造生产经营能力的角度着手，如提高生产效率，使得产品产量提高，降低单位产品的约束性固定成本，就能取得更大的经济效益。

2. 酌量性固定成本

酌量性固定成本是指管理当局的短期经营决策行为能改变其数额的固定成本。例如，广告费、职工培训费、新产品研究开发费用等。酌量性固定成本一般由企业管理当局在会计年度开始之前进行预算，在预算执行过程中可能进行调整，即酌量性固定成本发生额的大小取决于管理当局的决策行动。酌量性固定成本在保证不影响生产经营的前提下应尽量减少它们的支出总额，通常所讲降低固定成本总额就是指降低酌量性固定成本。降低酌量性固定成本的途径是厉行节约、精打细算，编制出积极可行的费用预算并严格执行，防止浪费和过度投资等。

三、变动成本

（一）变动成本的特征

变动成本是指在一定时间、一定的业务量范围内，其总额随业务量的变动而呈正比例变动的那部分成本。如直接材料、直接人工、按销售量支付的推销员佣金、装运费、包装费，以及按产量计提的固定设备折旧费等。变动成本特征包括：①变动成本总额与业务量呈正比例变动。②单位产品变动成本不随业务量变动而保持固定不变。

（二）变动成本分类

变动成本按其发生的原因而分为技术性变动成本和酌量性变动成本。

1. 技术性变动成本

技术性变动成本是指单位成本受客观因素影响，消耗量由技术因素决定的变动成本。如流水作业生产岗位上的工人工资及福利费，生产一台汽车需要耗用一台引擎、一个底盘和若干轮胎等，技术性变动成本只要生产就必然会发生，若不生产则为零。降低技术性变动成本的途径有改进设计、改革工艺技术、提高材料利用率等。

2. 酌量性变动成本

酌量性变动成本是指数额受管理当局的短期经营决策行为影响而发生改变的变动成本。如按销售收入的一定百分比支付的销售佣金、技术转让费等。酌量性变动成本的特点是其单位变动成本的发生额可由企业最高管理层决定。降低酌量性变动成本的途径是合理决策、降低材料采购成本、优化劳动组合等。

四、混合成本

混合成本是指介于固定成本和变动成本之间，总额随业务量变动但变动又不能与业务量的变化保持正比例关系的那部分成本。在现实经济生活中，大多数成本与业务量的关系是处于固定成本与变动成本两者之间，即属于混合成本。

（一）混合成本分类

1. 半变动成本

半变动成本又称标准式混合成本，是指由明显的固定和变动两部分成本合成，固定成本部分是不受业务量变动影响的基数成本，变动成本部分则是在固定成本这一基数的基础上，随着业务量的变动而呈正比例变动的成本。如固定电话座机费、水费、煤气费等均属于半变动成本。

2. 半固定成本

半固定成本是指在一定业务量之前固定不变，一旦业务量突破某个限度，成本额就跳跃上升到一个新水平，并在新的业务量变动范围内稳定不变，直到业务量突破新的限度，成本额就会出现新一次跳跃的那部分混合成本。半固定成本也称阶梯式变动成本，如企业运货员、检验员的工资及机器设备的维修费等就属于半固定成本。

3. 延期变动成本

延期变动成本又称低坡式混合成本，是指在一定的业务量范围内其总额保持固定不变，当业务量增长超出了这个范围，就随业务量的增长呈正比例变动的那部分混合成本。如采用超定额计件方法确定的职工工资。职工在完成定额之前，不论业务量为多少，都只需要支付基础工资，而超过定额部分工资按计件单价确定就会随超额工作量呈正比例变动。

4. 曲线变动成本

曲线变动成本就是有一个不变的初始量，相当于固定成本，在这个初始量的基础上，成本随着业务量的增加而增加的那部分混合成本。曲线变动成本在业务量与成本的平面直角坐标图上表现为一条抛物线。曲线变动成本按照曲线斜率的不同变动趋势又分为递增曲线成本和递减曲线成本。递增曲线成本如累进计件工资、违约金等，随着业务量的增加，成本逐步增加，并且增加幅度是递增的。递减曲线成本如有价格折扣或优惠条件下的水费、电费等，费用封顶的通信服务费等，其曲线达到高峰后就会下降或持平。

（二）混合成本的分解

企业大量的成本项目属于混合成本，为了定量掌握成本与业务量之间的变动规律，必须把混合成本进一步分解为固定成本和变动成本。混合成本分解的方法主要包括回归分析法、高低点法、账户分析法、技术测定法和合同确定法等。

（1）回归分析法。回归分析法又称最小二乘法或一元回归法，是根据若干期业务量和成本的历史数据资料，运用最小二乘法原理确定能代表业务量与混合成本关系的回归直线，借以确定混合成本中固定成本和变动成本的方法，是一种较为精确的方法。

（2）高低点法。高低点法是通过业务量 X 与有关成本 Y 的最高、最低两点坐标的关系，来推断混合成本（或总成本）中固定成本部分 a 和变动成本 bX 关系的一种简便计算方法。高低点法的原理：假设各期混合成本（或总成本）都可以用成本习性模型 $Y=a+bX$ 表示，从相关资料中找出高点业务量及其相应的混合成本（或总成本），运用解析几何中建立直线方程 $Y=a+bX$ 的两点式模式，即可求出单位变动成本 b 的值，然后求出固定成本 a 的值，从而得以建立相应的成本性态模型。

（3）账户分析法。账户分析法又称会计分析法，它是根据有关成本账户及其明细账的内容，结合各项成本与产量的依存关系，判断各项成本更接近哪一类成本，就视其为哪一类成本。这种方法简便易行，但比较粗糙且带有主观判断。

（4）技术测定法。技术测定法又称工程技术法，就是利用工程项目财务评价技术方法所测定的企业正常生产过程中投入与产出的关系，分析确定在实际业务量基础上其固定成本和变动成本水平，并揭示其变动规律的一种方法。它是根据生产过程中各种材料和人工成本消耗量的技术测定来划分固定成本和变动成本的方法。该方法通常只适用于投入成本与产出数量之间有规律性联系的成本分解。

（5）合同确认法。它是根据企业订立的经济合同或协议中关于支付费用的规定，来确认并估算哪些成本项目属于变动成本，哪些成本项目属于固定成本的方法。合同确认法要配合账户分析法使用。

第三章 筹资管理与资本分析

第一节 筹资管理相关理论

一、筹资的动机

筹资是企业根据生产经营等活动对资金的需要，通过一定的渠道，采取适当的方式获取所需资金的一种行为。企业筹资的基本目的是自身的生存和发展。具体说来，企业的筹资动机有以下四种：

第一，设立性筹资动机，是企业设立时为取得资本金而产生的筹资动机。

第二，扩张性筹资动机，是企业为扩大生产经营规模或增加对外投资而产生的动机。具有良好的前景、处于扩张期的企业一般具有这样的筹资动机。

第三，调整性筹资动机，是企业因调整现有资金结构的需要而产生的筹资动机。随着企业经营情况的变化，需要对资金结构进行相应的调整。

第四，混合性筹资动机，是企业为同时实现扩大规模以及调整资金结构等几个目标而产生的筹资动机。

二、筹资的原则

筹资是企业经营活动的前提，是资金运动的起点，是决定企业生产经营发展程度的重要环节。企业筹资是指企业根据其生产经营、对外投资和调整资本结构等需要，通过筹资渠道和金融市场，运用筹资方式，经济有效地筹措和集中资本的活动。企业筹资应当有利于实现企业顺利健康成长和企业价值最大化。企业筹资原则必须在宏观筹资体制的框架下做出选择，因此要受到国家金融制度的约束。

企业筹资是一项重要而复杂的工作，为了有效地筹集企业所需资金，必须遵循以下原则：

（1）规模适当原则。企业筹资规模受到企业债务契约约束、企业规模大小等多方面因素的影响，且不同时期企业的资金需求不断变化。因此，企业财务人员要认真分析企业的经营状况，采用一定的方法，合理确定筹资规模。这样，既能避免因资金筹集不足，影响生产经营的正常进行，又可防止资金筹集过多，造成资金闲置。

（2）筹措及时原则。企业财务人员在筹集资金时必须熟知资金时间价值的原理和计算方法，以便根据资金需求的具体情况，合理安排资金的筹集时间，适时获取所需资金。这样既能避免过早筹集资金形成资金投放前的闲置，又能防止取得资金的时间滞后，错过资金投放的最佳时间。一般说来，期限越长、手续越复杂的筹款方式，其筹款时效越差。

（3）来源合理原则。资金的来源渠道和资本市场为企业提供资金的源泉和筹资场所，它反映资金的分布状况和供求关系，决定着筹资的难易程度。不同来源的资金，对企业的收益和成本有不同影响。因此，企业应该认真研究资金来源渠道和资本市场，合理选择资金来源。

（4）方式经济原则。在确定筹资数量、筹资时间、资金来源的基础上，企业在筹资时还必须认真研究各种筹资方式。不同筹资方式下的资本成本有高有低，为此需要对各种筹资方式进行分析、对比，选择经济、可行的筹资方式。与筹资方式相联系的问题是资本结构问题，企业应确定合理的资本结构，以便降低成本，减少风险。

三、筹资的类型

企业可以从不同的渠道，利用不同的方式来筹集资金。根据不同的性质可以将它们划分为不同类型，各种类型资金的结合就构成了企业具体的筹资组合。为保证企业筹资组合的有效性，必须正确认识各种筹资类型。

（一）股权性筹资、债务性筹资与混合性筹资

企业筹集的资金，按资金性质的不同可分为权益资金和债务资金两类，与此

对应，筹资的类型可以分为股权性筹资、债务性筹资和混合性筹资。

1. 股权性筹资

股权性筹资形成企业的股权资金，也称作权益资金、自有资金，是企业依法筹集、长期拥有、自主支配的资金。权益资金由投资者的原始投资和投资积累形成，主要包括实收资本（或股本）、资本公积、盈余公积和未分配利润等。权益资金的多少，反映企业的资金实力，在相当程度上可以反映企业财务状况的稳定程度以及企业适应生产经营客观环境变化的能力。企业权益资金可以采用吸收直接投资、发行股票和留存利润等方式筹措取得。

2. 债务性筹资

债务性筹资形成企业的债务资金，也称借入资金，是企业通过债务方式取得，依约使用、按期偿还的资金。这部分资金在一定期限内归企业使用，但到期必须偿还，因而其偿债压力大。债务资金包括应付账款、应付票据、银行借款、应付债券及其他各种应付的款项，可采用银行借款、发行债券、融资租赁和商业信用等方式筹措取得。

3. 混合性筹资

混合性筹资是指兼具股权性筹资和债务性筹资双重属性的筹资类型，主要包括发行优先股筹资和发行可转换债券筹资。优先股股本属于企业的股权资金，但优先股股利同债券利率一样，通常是固定的，因此优先股筹资归为混合性筹资；可转换债券在其持有者将其转换为公司股票之前，属于企业的债务资金，在其持有者将其转换为发行公司股票之后，则属于企业的股权资金。可见，发行优先股筹资和发行可转换债券筹资都具有股权性筹资和债务性筹资双重属性，因此属于混合性筹资。

（二）短期筹资和长期筹资

企业筹集的资金，按资金的使用期限可分为短期资金和长期资金两类，与此对应，筹资的类型可以分为短期筹资和长期筹资。

1. 短期筹资

短期筹资是指为了满足企业周转性资金需要而进行的、资金使用期限在 1 年以内的筹资活动，也称为短期负债筹资。短期筹资方式主要包括短期借款筹资、商业信用筹资、短期债券筹资等。

2. 长期筹资

长期筹资是指为满足企业长期生存与发展而进行的、资金使用期限在 1 年以上的筹资活动，是企业筹资的主要方面。长期资金主要用于新产品新项目的开发和推广、生产规模的扩大、厂房和设备的更新与改造等。长期筹资方式主要包括吸收直接投资、发行股票、发行长期债券、长期借款、融资租赁等。

（三）直接筹资和间接筹资

企业筹资活动，按是否通过金融机构作为媒介可以划分为直接筹资和间接筹资两种类型。

1. 直接筹资

直接筹资是指企业不通过金融机构而直接面对资金供应者进行的筹资活动，一般是指通过吸收直接投资、发行股票、发行债券等方式进行筹资。随着金融法规的逐渐健全、证券市场的不断完善，我国居民、企业参与直接筹资的机会大大增加，参与方式也日趋多样化。所以，直接筹资的范围会越来越广。

2. 间接筹资

间接筹资是企业通过金融机构作为媒介进行的筹资活动，一般通过银行或其他金融机构进行。这种筹资具有筹资手续简单、效率高、费用低等优点，但筹资范围相对较窄，筹资渠道与方式相对单一。长期以来，间接筹资一直在我国企业的筹资活动中占主导地位。但是，随着金融市场的不断完善，间接筹资的地位比以前有所削弱，尤其是随着现代企业制度建设的深化，越来越多的企业把筹资方向转向资本市场，进行直接融资。

（四）内部筹资和外部筹资

企业筹资按资金来源的范围不同，可分为内部筹资和外部筹资两种类型，企业一般应在充分利用内部筹资来源之后，再去考虑外部筹资问题。

1. 内部筹资

内部筹资是指企业利用内部留存收益而形成的资本来源，是企业内部自然形成的，因此被称为自动化的资本来源，一般无须花费筹资费用，其数量通常由企业可分配的利润规模和利润分配政策所决定。

2. 外部筹资

外部筹资是指企业在内部筹资不能满足需要时，向企业外部筹资而形成的资本来源。企业外部筹资方式包括吸收直接投资、发行股票、银行借款、发行债券和融资租赁等。企业的外部筹资大多需要花费筹资费用，但筹资数量相对来说较大。

四、筹资的资金需求预测

资金需要量预测是指企业根据生产经营的需求，对未来所需资金的估计和推测。企业的资金需要量是筹资的数据依据，必须科学合理地进行预测，才能保证筹集来的资金既能满足企业发展的需要，又不会有太多的闲置，从而促进企业财务管理目标的实现。下面介绍两种常用的资金需要量预测方法。

（一）定性预测法

定性预测法是根据调查研究所掌握的情况和数据资料，凭借预测人员的知识和经验，对资金需要量所做出的判断。这种方法一般不能提供有关事件确切的定量概念，而主要是定性地估计某一事件的发展趋势、优劣程度和发生的概率。定性预测是否正确，完全取决于预测者的知识和经验。在进行定性预测时，不仅要汇总各方面人士的意见和综合地说明财务问题，还需将定性的财务资料进行量化，但这并不改变这种方法的性质。定性预测主要是根据经济理论和实际情况进行理性的、逻辑的分析和论证，以定量方法作为辅助，一般是在缺乏完整、准确的历史资料时采用。

1. 特尔菲法

"特尔菲法做为通过收集专家意见进行预测的方法，同专家集体意见法比较，具有匿名性、轮间反馈性，预测结果的定量处理，组织者的作用十分突出等特点，具有简便灵活，便于征询对象的独立思考，独立判断，有利于专家探索式地解决问题等优点，同时也有一些缺点。"❶ 进行销售预测时，主要是通过向财务管理专家进行调查，利用专家的经验和知识，对过去发生的财务活动、财务关系和有关资料进行分析综合，从财务方面对未来经济的发展做出判断。预测一般分两步来进行：①由熟悉企业经营情况和财务情况的专家，根据其经验对未来情况进行分析判断，提出资金需要量的初步意见。②通过各种形式（如信函调查、开座谈会等），在与本地区一些同类企业的情况进行对比的基础上，对预测的初步意见加以修订，最终得出预测结果。

2. 市场调查法

市场的主体是在市场上从事交易活动的组织和个人，客体是各种商品和服务，商品的品种、数量和质量、交货期、金融工具和价格则是市场的配置资源。在我国，既有消费品和生产资料等商品市场，又有资本市场、劳动力市场、技术市场、信息市场及房地产市场等要素市场。市场调查的主要内容是对各种与财务活动有关的市场主体、市场客体和市场要素的调查。市场调查以统计抽样原理为基础，包括简单随机抽样、分层抽样、分群抽样、规律性抽样和非随机抽样等技术，主要采用询问法、观测法和实验法等，以使定性预测准确、及时。

3. 相互影响预测方法

专家调查法和市场调查法所获得的资料只能说明某一事件的现状发生的概率和发展的趋势，而不能说明有关事件之间的相互关系。相互影响预测方法就是通过分析各个事件由于相互作用和联系引起概率发生变化的情况，研究各个事件在未来发生可能性的一种预测方法。

（二）定量预测法

1. 销售百分比法

销售百分比法是指根据销售增长与资产增长之间的关系，预测未来资金需要量的方法。企业的销售规模扩大时，要相应增加流动资产，如果销售规模扩张很

---

❶ 杨凤英. 特尔菲法的特点与优缺点 [J]. 内蒙古民族大学学报，2012，18（2）：195.

快，还必须增加长期资产。为取得扩大销售所需增加的资产，企业需要筹措资金。这些资金一部分来自留存收益，另一部分通过外部筹资取得。通常销售增长率较高时，仅靠留存收益不能满足资金需要，即使获利良好的企业也需外部筹资。因此，企业需要预先知道自己的筹资需求，提前安排筹资计划，否则就可能发生资金短缺问题。

销售百分比法将反映生产经营规模的销售因素与反映资金占用的资产因素连接起来，根据销售与资产之间的数量比例关系预计企业的外部筹资需要量。销售百分比法先假设某些资产与销售额存在稳定的百分比关系，根据销售与资产的比例关系预计资产额，根据资产额预计相应的负债和所有者权益，进而确定筹资需要量。

销售百分比法的基本步骤分为以下三步：

（1）确定随销售额变动而变动的资产和负债项目。资产是资金使用的结果，随着销售额的变动，经营性资产项目将占用更多的资金。同时，随着经营性资产的增加，经营性短期债务也会增加，如存货增加会导致应付账款增加，此类债务称为自动性债务，可以为企业提供暂时性资金。经营性资产与经营性负债的差额通常与销售额保持稳定的比例关系。这里的经营性资产项目包括库存现金、应收账款、存货等项目；而经营性负债项目包括应付票据、应付账款等项目，不包括短期借款、短期融资券、长期负债等筹资性负债。

（2）确定经营性资产与经营性负债有关项目与销售额的稳定比例关系。如果企业资金周转的营运效率保持不变，经营性资产与经营性负债会随销售额的变动而呈正比例变动，保持稳定的百分比关系。企业应当根据历史资料和同业情况，剔除不合理的资金占用，寻找与销售额的稳定百分比关系。

（3）预计由于销售增长而需要的资金需求增长额，扣除利润留存后，即为所需要的外部筹资额。

2. 资金习性预测法

资金习性预测法是指根据资金习性预测未来资金需要量的一种方法。所谓资金习性，是指资金的变动同产销量变动之间的依存关系。按照资金同产销量之间的依存关系，可以把资金分为不变资金、变动资金和半变动资金。

（1）不变资金是指一定的产销量范围内，不受产销量变动的影响而保持固定不变的那部分资金。换言之,产销量在一定范围内变动,这部分资金保持不变。这部分资金包括:①为了维持营业而占用的最低数额的现金。②原材料的保险储备。③必要的成品储备,厂房、机器设备等固定资产占用的资金。

(2)变动资金是指随产销量的变动而同比例变动的那部分资金。它一般包括直接构成产品实体的原材料、外购件等占用的资金。另外,在最低储备以外的现金、存货、应收账款等也具有变动资金的性质。

(3)半变动资金是指虽然受产销量变化的影响,但不成同比例变动的资金,如一些辅助材料上占用的资金。半变动资金可采用一定的方法划分为不变资金和变动资金两部分。

3. 线性回归分析法

线性回归分析法是根据历史上企业资金占用总额与产销量之间的关系,把资金分为不变和变动两部分,然后结合预计的销售量来预测资金需要量。进行资金习性分析,把资金划分为变动资金和不变资金两部分,从数量上掌握了资金同销售量之间的规律性,对准确地预测资金需要量有很大帮助。实际上,销售百分比法是资金习性分析法的具体运用。

第二节　筹资方式

"为了配合好社会经济建设的发展水平,我国的中小型企业就要对自身的发展状况进行提升,近年来我国社会经济部门加大力度扶持企业的成长,对于企业的稳定健康也有了一定的保障,但是企业的筹资方面仍存在着一些问题,企业的筹资渠道和方式也应当创新与优化,才能更好地扶持企业的健康可持续性发展。"❶

---

❶ 虞琳. 企业筹资方式选择及优化探讨 [J]. 大众投资指南,2021 (19):32.

一、权益资金筹资

（一）吸收直接投资

1. 吸收直接投资种类

（1）吸收国家投资。国家投资是指有权代表国家投资的政府部门或机构，以国有资产投入公司，这种情况下形成的资本称为国有资本。吸收国家投资的特点包括：①产权归属国家。②资金的运用和处置受国家约束较大。③在国有公司中采用比较广泛。

（2）吸收法人投资。法人投资是指法人单位用其依法可支配的资产投入公司，这种情况下形成的资本称为法人资本。吸收法人资本的特点包括：①发生在法人单位之间。②以参与公司利润分配或控制为目的。③出资方式灵活多样。

（3）吸收外商直接投资。企业可以通过合资经营或合作经营的方式吸收外商直接投资，即与其他国家的投资者共同投资，创办中外合资经营企业或者中外合作经营企业，共同经营、共担风险、共负盈亏、共享利益。

（4）吸收社会公众投资。社会公众投资是指社会个人或本公司职工以个人合法财产投入公司，这种情况下形成的资本称为个人资本。吸收社会公众投资的特点包括：①参加投资的人员较多。②每人投资的数额相对较少。③以参与公司利润分配为基本目的。

2. 吸收直接投资的出资方式

（1）以货币资产出资。以货币资产出资是吸收直接投资中最重要的出资方式。企业有了货币资产，便可以获取其他物质资源，来支付各种费用，满足企业创建时的开支和随后的日常周转需要。

（2）以实物资产出资。实物出资是指投资者以房屋、建筑物、设备等固定资产和材料、燃料、商品产品等流动资产所进行的投资。实物投资应符合相关条件：①适合企业生产、经营、研发等活动的需要。②技术性能良好。③作价公平合理。实物出资中实物的作价，可以由出资各方协商确定，也可以聘请专业资产评估机构评估确定。国有及国有控股企业接受其他企业的非货币资产出资，需要委托有资格的资产评估机构进行资产评估。

（3）以土地使用权出资。土地使用权是指土地经营者对依法取得的土地在一定期限内有进行建筑、生产经营或其他活动的权利。土地使用权具有相对的独立性，在土地使用权存续期间，包括土地所有者在内的其他任何人和单位，不能任意收回土地和非法干预使用权人的经营活动。企业吸收土地使用权投资应符合相关条件：①适合企业科研、生产、经营、研发等活动的需要。②地理、交通条件适宜。③作价公平合理。

（4）以工业产权出资。工业产权通常是指专有技术、商标权、专利权、非专利技术等无形资产。投资者以工业产权出资应该符合相关条件：①有助于企业研究、开发和生产出新的高科技产品。②有助于企业提高生产效率，改进产品质量。③有助于企业降低生产消耗、能源消耗等各种消耗。④作价公平合理。

吸收工业产权等无形资产出资的风险较大。因为以工业产权投资，实际上就是把技术转化为资本，使技术的价值固定化。而技术具有强烈的时效性，会因其不断落后而导致实际价值不断减少甚至完全丧失。

此外，对无形资产出资方式的限制，《中华人民共和国市场主体登记管理条例》规定，股东或发起人不得以劳务、信用、自然人姓名、商誉、特许经营权或者设定担保的财产等作价出资。《公司法》规定对于非货币资产出资，需要满足三个条件：①可以用货币估价。②可以依法转让。③法律不禁止。

《公司法》对无形资产出资的比例要求没有明确限制，但《中华人民共和国外企企业法实施细则》另有规定，外资企业的工业产权、专有技术的作价应与国际上通常的作价原则相一致，且作价金额不得超过注册资本的20%。

3. 吸收直接投资的程序

（1）确定筹资数量。企业在新建或扩大经营时，应确定资金的需要量。资金的需要量应根据企业的生产经营规模和供销条件等来核定，确保筹资数量与资金需要量相适应。

（2）寻找投资单位。企业既要广泛了解有关投资者的资信、财力和投资意向，还要通过信息交流和宣传，使出资方了解企业的经营能力、财务状况以及未来预期，以便于公司从中寻找最合适的合作伙伴。

（3）协商和签署投资协议。在找到合适的投资伙伴后，双方进行具体协商，确定出资数额、出资方式和出资时间。企业应尽可能吸收货币投资，如果投资方有先进而适合需要的固定资产和无形资产，也可采取非货币投资方式。对实物投资、工业产权投资、土地使用权投资等非货币资产，双方应按公平合理的原则协商定价。当出资数额、资产作价确定后，双方须签署投资的协议或合同，以明确双方的权利和责任。

（4）取得所筹集的资金。签署投资协议后，企业应按规定或计划取得资金。如果采取现金投资方式，通常还要编制拨款计划，确定拨款期限、每期数额及划拨方式，有时投资者还要规定拨款的用途，如把拨款区分为固定资产投资拨款、流动资金拨款、专项拨款等；如为实物、工业产权、非专利技术、土地使用权投资，其中一个重要的问题就是核实财产。财产数量是否准确，特别是价格有无高估低估的情况，关系到投资各方的经济利益，必须认真处理，必要时可聘请专业资产评估机构来评定，然后办理产权的转移手续取得资产。

4. 吸收直接投资筹资的特点

（1）能尽快形成生产能力。吸收直接投资不仅可以取得一部分货币资金，而且能够直接获得所需的先进设备和技术，尽快形成生产经营能力。

（2）容易进行信息沟通。吸收直接投资的投资者比较单一，股权没有社会化、分散化，甚至有的投资者直接担任公司管理层职务，公司与投资者易于沟通。

（3）吸收投资的手续比较简便，筹资费用较低。

（4）资本成本较高。相对于股票筹资来说，吸收直接投资的资本成本较高。当企业经营较好，盈利较多时，投资者往往要求将大部分盈余作为红利分配，因为企业向投资者支付的报酬是按其出资数额和企业实现利润的比率来计算的。

（5）企业控制权集中，不利于企业治理。采用吸收直接投资方式筹资，投资者一般都会要求获得与投资数额相适应的经营管理权。如果某个投资者的投资额比例较大，则该投资者对企业的经营管理就会有相当大的控制权，容易损害其他投资者的利益。

（6）不利于产权交易。吸收投入资本由于没有证券为媒介，不利于产权交易，难以进行产权的转让。

（二）发行股票

股票是股份有限公司为筹措股权资本而发行的有价证券，是公司签发的证明股东持有公司股份的凭证。股票作为一种所有权凭证，代表着股东对发行公司净资产的所有权。股票只能由股份有限公司发行。

1. 股票概述

（1）股票的特点。

第一，永久性。公司发行股票所筹集的资金属于公司的长期自有资金，没有期限，不需要归还。换言之，股东在购买股票之后，一般情况下不能要求发行企业退还股金。

第二，流通性。股票作为一种有价证券，在资本市场上可以自由转让、买卖和流通，也可以继承、赠送或作为抵押品。特别是上市公司发行的股票具有很强的变现能力，流动性很强。

第三，风险性。由于股票的永久性，股东成了企业风险的主要承担者。风险的表现形式包括：①股票价格的波动性。②红利的不确定性。③破产清算时股东处于剩余财产分配的最后顺序等。

第四，参与性。股东作为股份公司的所有者，拥有参与企业管理的权利，包括重大决策权、经营者选择权、财务监控权、公司经营的建议和质询权等。此外，股东还有承担有限责任、遵守公司章程等义务。

（2）股东的权利。股东最基本的权利是按照投入公司的股份额，依法享有公司收益获取权、公司重大决策参与权和选择公司管理者的权利，并以其所持股份为限对公司承担责任。

第一，公司管理权。股东对公司的管理权主要体现在重大决策参与权、经营者选择权、财务监控权、公司经营的建议和质询权、股东大会召集权等方面。

第二，收益分享权。股东有权通过股利方式来获取公司的税后利润，利润分配方案由董事会提出并且经过股东大会批准。

第三，股份转让权。股东有权将其所持有的股票出售或转让。

第四，优先认股权。原有股东拥有优先认购本公司增发股票的权利。

第五，剩余财产要求权。当公司解散、清算时，股东有对清偿债务、清偿优先股股东以后的剩余财产索取的权利。

（3）股票的种类。

第一，按股东权利和义务，分为普通股股票和优先股股票。普通股股票简称普通股，是公司发行的代表着股东享有平等的权利、义务，不加特别限制的，股利不固定的股票，普通股是最基本的股票，股份有限公司通常情况只发行普通股；优先股股票简称优先股，是公司发行的相对于普通股具有一定优先权的股票。其优先权利主要表现在股利分配优先权和分取剩余财产优先权上。优先股股东在股东大会上无表决权，在参与公司经营管理上受到一定限制，仅对涉及优先股权利的问题有表决权。

第二，按票面有无记名，分为记名股票和无记名股票。记名股票是在股票票面上记载有股东姓名或将名称记入公司股东名册的股票；无记名股票不登记股东名称，公司只记载股票数量、编号及发行日期。

我国《公司法》规定，公司向发起人、国家授权投资机构、法人发行的股票，为记名股票；向社会公众发行的股票，既可以为记名股票，也可以为无记名股票。

第三，按发行对象和上市地点，分为A股、B股、H股、N股和S股等。A股即人民币普通股票，由我国境内公司发行，境内上市交易，它以人民币标明面值，以人民币认购和交易；B股即人民币特种股票，由我国境内公司发行，境内上市交易，它以人民币标明面值，以外币认购和交易；H股是注册地在内地、上市在中国香港的股票；N股是指那些在中国境内注册、在纽约上市的外资股；S股是指在中国境内注册但上市地在新加坡交易所的股票，也可指尚未进行股权分置改革或者已进入改革程序但尚未实施股权分置改革方案的股票。

2. 股份有限公司的设立、股票的发行和上市

（1）股份有限公司的设立。设立股份有限公司，应当有2人以上200人以下为发起人，其中必须有半数以上的发起人在中国境内有住所。股份有限公司的设立，可以采取发起设立或者募集设立的方式。发起设立，是指由发起人认购公司应发行的全部股份而设立公司；募集设立，是指由发起人认购公司应发行股份的一部分，其余股份向社会公开募集或者向特定对象募集而设立公司。

以发起设立方式设立股份有限公司的，公司全体发起人的首次出资额不得低于注册资本的20%，其余部分由发起人自公司成立之日起2年内缴足（投资公司可以在5年内缴足）。

以募集设立方式设立股份有限公司的，发起人认购的股份不得少于公司股份总数的35%；法律、行政法规另有规定的，从其规定。

股份有限公司的发起人应承担的责任包括：①公司不能成立时，发起人对设立行为所产生的债务和费用负连带责任。②公司不能成立时，发起人对认股人已缴纳的股款，负返还股款并加算银行同期存款利息的连带责任。③在公司设立过程中，由于发起人的过失致使公司利益受到损害的，应当对公司承担赔偿责任。

（2）股份有限公司首次发行股票的一般程序。

第一，发起人认足股份、缴付股资。发起方式设立的公司，发起人认购公司的全部股份；募集方式设立的公司，发起人认购的股份不得少于公司股份总数的35%。发起人可以用货币出资，也可以用非货币资产作价出资。在发起设立方式下，发起人缴付全部股资后，应该选举董事会、监事会，由董事会办理公司设立的登记事项；在募集设立方式下，发起人认足其应认购的股份并缴付股资后，其余部分向社会公开募集。

第二，提出公开募集股份的申请。以募集方式设立的公司，发起人向社会公开募集股份时，必须向国务院证券监督管理部门递交募股申请，并报送批准设立公司的相关文件，包括公司章程、招股说明书等。

第三，公告招股说明书，签订承销协议。公开募集股份申请经国家批准后，应公告招股说明书。招股说明书应包括公司的章程、发起人认购的股份数、本次每股票面价值和发行价格、募集资金的用途等。同时，与证券公司等证券承销机构签订承销协议。

第四，招认股份，缴纳股款。发行股票的公司或其承销机构一般用广告或书面通知的办法招募股份。认股者一旦填写认股书，就要承担认股书中约定的缴纳股款义务，如果认股者的总股数超过发起人拟招募的总股数，可以采取抽签的方式确定哪些认股者有权认股。认股者应在规定的期限内向代收股款的银行缴纳股款，同时交付认股书。股款认足后，发起人应委托法定的机构验资，出具验资证明。

第五，召开创立大会，选举董事会、监事会。发行股份的股款募足后，发起人应该在规定期限内（法定 30 天）主持召开创立大会。创立大会由发起人、认股人组成，应有代表股份总数半数以上的认股人出席方可举行。创立大会通过公司章程，选举董事会和监事会成员，并有权对公司的设立费用进行审核，对发起人用于抵作股款的财产作价进行审核。

第六，办理公司设立登记，交割股票。经创立大会选举的董事会，应在创立大会结束后 30 天内办理申请公司设立的登记事项。登记成立后，即向股东正式交付股票。

（3）股票上市交易。

第一，股票上市的目的。股票上市的目的是多方面的，主要包括：①便于筹措新资金。证券市场是资本商品的买卖市场，证券市场上有众多的资金供应者。同时，股票上市经过了政府机构的审查批准并接受严格的管理，执行股票上市和信息披露的规定，容易吸引社会资本投资者。公司上市后，还可以通过增发、配股、发行可转换债券等方式进行再融资。②促进股权流通和转让。股票上市后便于投资者购买，提高了股权的流动性和股票的变现力，便于投资者认购和交易。③促进股权分散化。上市公司拥有众多的股东，加之上市股票的流通性强，能够避免公司的股权集中，分散公司的控制权，有利于公司治理结构的完善。④便于确定公司价值。股票上市后，公司股价有市价可循，便于确定公司的价值。对于上市公司来说，即时的股票交易行情，就是对公司价值的市场评价。同时，市场行情也能够为公司收购兼并等资本运作提供询价基础。

第二，股票上市的条件。公司公开发行的股票进入证券交易所交易，必须受严格的条件限制。《中华人民共和国证券法》规定，股份有限公司申请股票上市，应当符合相关条件：①股票经国务院证券监督管理机构核准已公开发行。②公司股本总额不少于人民币 3000 万元。③公开发行的股份达到公司股份总数的 25% 以上，公司股本总额超过人民币 4 亿元的，公开发行股份的比例为 10% 以上。④公司最近 3 年无重大违法行为，财务会计报告无虚假记载。

第三，股票上市的暂停、终止与特别处理。当上市公司出现经营情况恶化、存在重大违法违规行为或其他原因导致不符合上市条件时，就可能被暂停或终止上市。

上市公司出现财务状况或其他状况异常的，其股票交易将被交易所特别处理。财务状况异常包括：①最近2个会计年度的审计结果显示的净利润为负值。②最近1个会计年度的审计结果显示其股东权益低于注册资本。③最近1个会计年度经审计的股东权益，扣除注册会计师和有关部门不予确认的部分后，低于注册资本。④注册会计师对最近1个会计年度的财产报告出具无法表示意见或否定意见的审计报告。⑤最近一份经审计的财务报告对上年度利润进行调整，导致连续2个会计年度亏损。⑥经交易所或中国证监会认定为财务状况异常的。其他状况异常是指自然灾害、重大事故等导致生产经营活动基本中止，公司涉及的可能赔偿金额超过公司净资产的诉讼等情况。

上市公司的股票交易被实行特别处理期间，其股票交易遵循三个规则：①股票报价日涨跌幅限制为5%。②股票名称改为原股票名前加"ST"。③上市公司的中期报告必须经过审计。

3. 上市有限公司的股票发行

上市的股份有限公司在证券市场上发行股票，包括公开发行和非公开发行两种类型。公开发行股票又分为首次上市公开发行股票和上市公开发行股票，非公开发行即向特定投资者发行，也叫定向发行。

（1）首次公开发行股票（IPO）。首次公开发行股票（IPO），是指股份有限公司首次对社会公开发行股票并上市流通和交易。实施IPO的公司，应符合《首次公开发行股票并上市管理办法》规定的相关条件，并经中国证监会核准。

实施IPO的基本程序是：①公司董事会应当依法就本次股票发行的具体方案、本次募集资金使用的可行性及其他事项做出决定，并提请股东大会批准。②公司股东大会就本次发行股票做出的决议。③由保荐人保荐并向证监会申报。④证监会作出是否受理的决定，并依照法条作出是否予以核准的决定。⑤自证监会核准发行之日起，发行人应在6个月内公开发行股票，超过6个月未发行的，核准失效，须经证监会重新核准后方可发行。

（2）上市公开发行股票。上市公开发行股票是指股份有限公司已经上市后，通过证券交易所在证券市场上对社会公开发行股票。上市公司公开发行股票，包括增发和配股两种方式。其中，增发是指增资发行，即上市公司向社会公众发售股票的再融资方式；配股是指上市公司向原有股东配售发行股票的再融资方式。增发和配股也应该符合证监会规定的条件，并经过证监会核准。

（3）非公开发行股票。上市公司非公开发行股票是指上市公司采用非公开方式，向特定对象发行股票的行为，也叫定向募集增发。其目的是引入该机构的特定能力，如管理、渠道等。定向增发的对象可以是老股东，也可以是新投资者。总之，定向增发完成之后，公司的股权结构往往会发生很大变化，甚至发生控股权变更的情况。

在公司设立时，上市公开发行股票与非上市不公开发行股票相比较，上市公开发行股票方式的发行范围广，发行对象多，易于足额筹集资本，同时还有利提高公司的知名度。但公开发行方式审批手续复杂严格，发行成本高。在公司设立后再融资时，上市公司定向增发和非上市公司定向增发相比较，上市公司定向增发优势包括：①有利于引入战略投资者和机构投资者。②有利于利用上市公司的市场化估值溢价，将母公司资产通过资本市场放大，从而提升母公司的资产价值。③定向增发是一种并购手段，特别是资产并购型定向增发，有利于集团企业整体上市，并同时减轻并购的现金流压力。

4. 引入战略投资者

（1）战略投资者的概念与要求。我国在新股发行中引入战略投资者，允许战略投资者在公司发行新股中参与配售。按照证监会的规则解释，战略投资者是指与发行人具有合作关系或者有合作意向和潜力、与发行公司业务联系紧密且欲长期持有发行公司股票的法人。从国外风险投资机构对战略投资者的定义来看，一般认为战略投资者是能够通过帮助公司融资、提供营销与销售支持的业务，或通过个人关系增加投资价值的公司或个人投资者。

一般来说，战略投资者的基本要求包括：①与公司的经营业务联系紧密。②出于长期投资目的而较长时期地持有股票。③具有相当的资金实力，且持股数量较多。

（2）引入战略投资者的作用。战略投资者具有资金、技术、管理、市场、人才等方面的优势，能够增强企业的核心竞争力和创新能力。上市公司引入战略投资者，使其能够和上市公司之间形成紧密的、伙伴式的合作关系，并由此增强公司的经营实力、提高公司管理水平、改善公司治理结构。因此，对战略投资者的基本资质条件要求如下：①拥有比较雄厚的资金、核心的技术、先进的管理等。②有较好的实业基础和较强的投融资能力。引入战略投资者的作用如下：

第一，提升公司形象，提高资本市场认同度。战略投资者往往都是实力雄厚的境内外大公司、大集团，甚至是国际、国内500强，他们对公司股票的认购，是对公司潜在未来价值的认可和期望。

第二，优化股权结构，健全公司法人治理。战略投资者在公司占一定股权份额并长期持股，能够分散公司控制权，战略投资者参与公司管理，能够改善公司治理结构。战略投资者带来的不仅仅是资金和技术，更重要的是能够带来先进的管理水平和优秀的管理团队。

第三，提高公司资源整合能力，增强公司的核心竞争力。战略投资者往往都有较好的实业基础，能够带来先进的工艺技术和广阔的产品营销市场，并致力于长期投资合作，能够促进公司产品结构和产业结构的调整升级，有助于形成产业集群，整合公司的经营资源。

第四，达到阶段性的融资目标，加快实现公司上市融资的进程。战略投资者具有较强的资金实力，并与发行人签订有关配售协议，长期持有发行人股票，能够为新上市的公司提供长期稳定的资本，帮助上市公司用较低的成本融得较多的资金，提高了公司的融资效率。

从现有情况来看，目前我国上市公司确定战略投资者还处于募集资金最大化的实用原则阶段。申购价格高的人就能成为战略投资者，管理型、技术型的战略投资者还很少见。资本市场中的战略投资者，目前多是追逐持股价差、有较大承受能力的股票持有者，一般都是大型证券投资机构。

5. 发行普通股的特点

（1）所有权与经营权相分离，分散公司控制权，有利于公司进行自主管理、自主经营。普通股筹资的股东众多，公司的日常经营管理事务主要由公司的董事会和经理层负责。

（2）没有固定的股息负担，资本成本较低。公司有盈利且认为适宜分配时才分派股利；公司盈利较少，或者虽有盈利，但现金短缺或有更好的投资机会，也可以少支付或不支付股利。相对于吸收直接投资来说，普通股筹资的资本成本较低。

（3）增强公司的社会声誉。普通股筹资使得股东大众化，由此给公司带来了广泛的社会影响。特别是上市公司，其股票的流通性强，有利于市场确认公司的价值。

（4）促进股权流通和转让。普通股筹资以股票作为媒介的方式便于股权的流通和转让，便于吸收新的投资者。

（5）筹资费用较高，手续复杂。

（6）不易尽快形成生产能力。普通股筹资吸收的一般都是货币资金，还需要通过购置和建造形成生产经营能力。

（7）公司控制权分散，容易被经理人控制。同时，流通性强的股票交易也容易被恶意收购。

（三）留存收益筹资

1. 留存收益性质

从性质上看，企业通过合法有效地经营所实现的税后净利润，都属于企业的所有者。企业将本年度的利润部分甚至全部留存下来的原因很多，主要包括：①收益的确认和计量是建立在权责发生制基础上的，企业有利润，但企业不一定有相应的现金净流量增加，因而企业不一定有足够的现金将利润全部或部分派给所有者。②法律法规从保护债权人利益和要求企业可持续发展等角度出发，限制企业将利润全部分配出去，《公司法》规定，企业每年的税后利润，必须提取10%的法定盈余公积金。③企业基于自身扩大再生产和筹资的需求，也会将一部分利润留存下来。

2. 留存收益筹资的途径

（1）提取盈余公积金。盈余公积金是指有指定用途的留存净利润。盈余公积金是从当期企业净利润中提取的积累资金，其提取基数是本年度的净利润。盈余公积金主要用于企业未来的经营发展，经投资者审议后也可以用于转增股本（实收资本）和弥补以前年度经营亏损，但不得用于以后年度的对外利润分配。

（2）未分配利润。未分配利润是指未限定用途的留存净利润。未分配利润具有两层含义：①这部分净利润本年没有分配给公司的股东投资者。②这部分净利润未指定用途，可以用于企业未来的经营发展、转增资本（实收资本）、弥补以前年度的经营亏损及以后年度的利润分配。

3. 留存收益筹资的特点

（1）不发生筹资费用。企业从外界筹集长期资本，与普通股筹资相比，留存收益筹资不需要发生筹资费用，资本成本较低。

（2）维持公司的控制权分布。利用留存收益筹资，不用对外发行新股或吸收新投资者，由此增加的权益资本不会改变公司的股权结构，不会稀释原有股东的控制权。

（3）筹资数额有限。留存收益的最大数额是企业当期的净利润和以前年度未分配利润之和。如果企业发生亏损，那么当年就没有利润留存。另外，股东和投资者从自身期望出发，往往希望企业每年发放一定利润，保持一定的利润分配比例。

二、负债资金筹资

（一）银行借款

银行借款是指企业向银行或其他非银行金融机构借入的、需要还本付息的款项，包括偿还期限超过 1 年的长期借款和不足 1 年的短期借款，主要是用于企业购建固定资产和满足流动资金周转的需要。

1. 银行借款的种类

（1）按提供贷款的机构，分为政策性银行贷款、商业性银行贷款和其他金融机构贷款。

第一，政策性银行贷款是指执行国家政策性贷款业务的银行向企业发放的贷款，通常为长期贷款。如国家开发银行贷款，主要满足企业承建国家重点建设项目的资金需要；中国进出口信贷银行贷款，主要为大型设备的进出口提供的买方信贷或卖方信贷；中国农业发展银行贷款，主要用于确保国家对粮、棉、油等政策性收购资金的供应。

第二，商业性银行贷款是指由各商业银行，例如中国工商银行、中国建设银行、中国农业银行、中国银行等，向工商企业提供的贷款，用以满足企业生产经营的资金需要，包括短期贷款和长期贷款。

第三，其他金融机构贷款，如从信托投资公司取得实物或货币形式的信托投资贷款，从财务公司取得的各种中长期贷款，从保险公司取得的贷款等。其他金融机构的贷款一般较商业银行贷款的期限要长，要求的利率较高，对借款企业的信用要求和担保的选择比较严格。

（2）按机构对贷款有无担保要求，分为信用贷款和担保贷款。

第一，信用贷款是指以借款人的信誉或保证人的信用为依据而获得的贷款。企业取得这种贷款，不需以财产作为抵押。对于这种贷款，由于风险较高，银行通常要收取较高的利息，往往还要附加一定的限制条件。

第二，担保贷款是指由借款人或第三方依法提供担保而获得的贷款。担保主要包括保证责任、财务抵押、财产质押，由此，担保贷款包括保证贷款、抵押贷款和质押贷款。

保证贷款是指按《民法典》规定的保证方式，以第三人作为保证人承诺在借款人不能偿还借款时，按约定承担一定保证责任或连带责任而取得的贷款。

抵押贷款是指按《民法典》规定的抵押方式，以借款人或第三人的财产作为抵押物而取得的贷款。

质押贷款是指按《民法典》规定的质押方式，以借款人或第三人的动产或财产权利作为质押物而取得的贷款。

（3）按照企业取得贷款的用途，分为基本建设贷款、专项贷款和流动资金贷款三种。

第一，基本建设贷款是指企业因从事新建、改建、扩建等基本建设项目需要资金而向银行申请借入的款项。

第二，专项贷款是指企业因为专门用途而向银行申请借入的款项，包括更新改造技改贷款、大修理贷款、研发和新产品研制贷款、小型技术措施贷款、出口专项贷款、引进技术转让费周转金贷款、进口设备外汇贷款、进口设备人民币贷款及国内配套设备贷款等。

第三，流动资金贷款是指企业为满足流动资金的需求而向银行申请借入的款项，包括流动基金借款、生产周转借款、临时借款、结算借款和卖方信贷。

2. 银行借款程序与保护性条款

（1）银行借款的程序。

第一，提出申请。企业根据筹资需求向银行进行书面申请，按银行要求的条件和内容填报借款申请书。

第二，银行审批。银行按照有关政策和贷款条件，对借款企业进行信用审查，依据审批权限，核准公司申请的借款金额和用款计划。银行审查的主要内容包括：①公司的财务状况。②信用情况。③盈利的稳定性。④发展前景。⑤借款投资项目的可行性。⑥抵押品和担保情况。

第三，签订合同。借款申请获批准后，银行与企业进一步协商贷款的具体条件，签订正式的借款合同，规定贷款的数额、利率、期限和一些约束性条款。

第四，取得借款。借款合同签订后，企业在核定的贷款指标范围内，根据用款计划和实际需要，一次或分次将贷款转入企业的存款结算户，以便企业使用。

（2）长期借款的保护性条款。由于银行等金融机构提供的长期贷款金额高、期限长、风险大，因此，除借款合同的基本条款之外，债权人通常还在借款合同中附加各种保护性条款，来确保企业按照要求使用借款和按时足额偿还借款。保护性条款一般包括以下三类：

第一，例行性保护条款。这类条款作为例行常规，在大多数借款合同中都会出现。主要包括：①要求定期向提供贷款的金融机构提交财务报表，以使债权人随时掌握公司的财务状况和经营成果。②不准在正常情况下出售较多的非产成品存货，以保持企业正常生产经营能力。③如期清偿应缴纳税金和其他到期债务，以防被罚款而造成不必要的现金流失。④不准以资产做其他承诺的担保或抵押。⑤不准贴现应收票据或出售应收账款，以避免或有负债等。

第二，一般性保护条款。一般性保护条款是对企业资产的流动性及偿债能力等方面的要求条款，这类条款应用于大多数借款合同，主要包括：①保持企业的资产流动性，要求企业需持有一定最低限度的货币资金及其他流动资产，以保持企业资产的流动性和偿债能力，一般规定企业必须保持的最低营运资金数额和最低流动比率数值。②限制企业非经营性支出，如限制支付现金股利、购入股票和职工加薪的数额规模，以减少企业资金的过度外流。③限制企业资本支出的规模，控制企业资产结构中的长期性资产的比例，以减少公司日后不得不变卖固定资产以偿还贷款的可能性。④限制公司再举债规模，目的是以防止其他债权人取得对公司资产的优先索偿权。⑤限制公司的长期投资，如规定公司不准投资于短期内不能收回资金的项目，不能未经银行等债权人同意而与其他公司合并等。

第三，特殊性保护条款。这类条款是针对某些特殊情况而出现在部分借款合同中的条款，只有在特殊情况下才能生效。主要包括：①要求公司的主要领导人购买人身保险。②借款的用途不得改变。③违约惩罚条款等。

这些条款互相结合使用，将有利于全面保护银行等债权人的权益。但借款合同是经双方充分协商后决定的，其最终结果取决于双方谈判能力的大小，而不是完全取决于银行等债权人的主观愿望。

(3) 短期借款的信用条件。按照国际通行做法，银行发放短期借款往往带有一些信用条件，主要有以下三种：

第一，信贷限额。信贷限额是银行对借款人规定的无担保贷款的最高额。信贷限额的有效期限通常为一年，但根据情况也可以延期一年。一般来讲，企业在批准的信贷限额内，可随时使用银行借款，但是银行并不承担必须提供全部信贷限额的义务。如果企业信誉恶化，即使银行曾同意过按信贷限额提供贷款，也可能得不到借款，这时银行不会承担法律责任。

第二，周转信贷协定。周转信贷协定是银行具有法律义务地承诺提供不超过某一最高限额的贷款协定。在协定的有效期内，只要企业的借款总额未超过最高限额，银行必须满足企业任何时候提出的借款要求。企业享用周转信贷协定，通常要就贷款限额的未使用部分付给银行一笔承诺费。周转信贷协定的有效期通常超过一年，但实际上贷款每几个月会发放一次，所以这种信贷具有短期和长期借款的双重特点。

第三，补偿性余额。补偿性余额是银行要求借款企业在银行中保持按贷款限额或实际借用额一定百分比（一般为10%~20%）的最低存款余额。从银行的角度讲，补偿性余额可降低贷款风险，补偿遭受的贷款损失。对于借款企业来说，补偿性余额提高了借款的实际利率。

第四，借款抵押。银行向财务风险较大的企业或对其信誉不甚把握的企业发放贷款，有时需要有抵押品担保，以减少自己蒙受损失的风险。短期借款的抵押品经常是借款企业的应收账款、存货、股票、债券等。银行接受抵押品后，将根据抵押品的面值决定贷款金额，一般为抵押品面值的30%~90%。这一比例的高低，取决于抵押品的变现能力和银行的风险偏好。抵押借款的成本通常要高于非抵押借款，这是因为银行主要向信誉好的客户提供非抵押贷款，而将抵押贷款看成是一种风险投资，故而收取较高的利率；同时银行管理抵押贷款要比管理非抵押贷款困难，为此往往需要另收取手续费。企业向贷款人提供抵押品，会限制其财产的使用和将来的借款能力。

第五，偿还条件。贷款的偿还有到期一次偿还和在贷款期内定期（每月、季）等额偿还两种方式。一般来讲，企业不希望采用后种偿还方式，因为这会提高贷款的实际利率。而银行不希望采用前种偿还方式，因为这会加重企业的财务负担，增加企业的拒付风险，同时会降低实际贷款利率。

第六，其他承诺。银行有时还要求企业为取得贷款而做出其他承诺，如及时提供财务报表，保持适当的财务水平（如特定的流动比率）等。如企业违背做出的承诺，银行可要求企业立即偿还全部贷款。

3. 借款的支付方式

（1）收款法。收款法是在借款到期时向银行支付利息的方法。银行向工商企业发放的贷款大都采用这种方法收息。

（2）贴现法。贴现法是银行向企业发放贷款时，先从本金中扣除利息部分，而到期时借款企业则要偿还贷款全部本金的一种计息方法。采用这种方法，企业可利用的贷款额只有本金减去利息部分后的差额，因此贷款的实际利率高于名义利率。

（3）加息法。加息法是银行发放分期等额偿还贷款时采用的利息收取方法。在分期等额偿还贷款的情况下，银行要将根据名义利率计算的利息加到贷款本金上计算出贷款的本息和，要求企业在贷款期内分期偿还本息之和的金额。由于贷款分期均衡偿还，借款企业实际上只平均使用了贷款本金的半数，却支付了全额利息。这样，企业所负担的实际利率便高于名义利率约1倍。

4. 银行借款筹资的特点

（1）筹资速度快。与发行债券、融资租赁等债权筹资方式相比较，银行借款的程序相对更简单，所花时间较短，公司可以迅速获得所需资金。

（2）资本成本较低。利用银行借款筹资，比发行债券和融资租赁的利息负担要低。而且，无须支付证券发行费用、租赁手续费用等。

（3）筹资弹性较大。在借款之前，公司根据当时的资本需求与银行等贷款机构直接商定贷款的时间、数量和条件；在借款期间，若公司的财务状况发生某些变化，也可与债权人再协商，变更借款数量、时间和条件，或提前偿还本息。因此，借款筹资对公司具有较大的灵活性，特别是短期借款更是如此。

（4）限制条款多。与债券筹资相比较，银行借款合同对借款用途有明确规定，通过借款的保护性条款，对公司资本支出额度、再筹资、股利支付等行为有严格的约束，以后公司的生产经营活动和财务政策必将会受到一定程度的影响。

（5）筹资数额有限。银行借款的数额受到贷款机构资本实力的制约，不可能像发行债券、股票那样一次筹集到大笔资金，无法满足公司大规模筹资的需要。

（二）发行企业债券

企业债券又称公司债券，是企业依照法定程序发行的、约定在一定期限内还本付息的有价证券。债券是持有人拥有公司债权的书面证书，它代表持券人同发债公司之间的债权债务关系。

1. 发行债券的条件和种类

（1）发行债券的条件。《证券法》第十五条规定，公开发行公司债券，应当符合以下条件：①具备健全且运行良好的组织机构。②最近3年平均可分配利润足以支付公司债券1年的利息。③国务院规定的其他条件。

（2）公司债券的种类。

第一，按是否记名，分为记名债券和无记名债券。记名公司债券，应当在公司债券存根簿上载明债券持有人姓名及住所、债券持有人取得债券的日期及债券的编号等债券持有人信息。记名公司债券，由债券持有人以背书方式或者法律、行政法规规定的其他方式转让；转让后由公司将受让人的姓名或者名称及住所记载于公司债券存根簿。无记名公司债券，应当在公司债券存根簿上载明债券总额、利率、偿还期限和方式、发行日期及债券的编号。无记名公司债券的转让，由债券持有人将该债券交付给受让人后即发生转让的效力。

第二，按是否能够转换成公司股权，分为可转换债券与不可转换债券。可转换债券，债券持有者可以在规定的时间内按规定的价格转换为发债公司的股票。这种债券在发行时，对债券转换为股票的价格和比率等都做了详细规定。《公司法》规定，可转换债券的发行主体是股份有限公司中的上市公司。不可转换债券，是指不能转换为发债公司股票的债券，大多数公司债券属于这种类型。

第三，按有无特定财产担保，分为担保债券和信用债券。担保债券是指以抵押方式担保发行人按期还本付息的债券，主要是指抵押债券。抵押债券按其抵押品的不同，又分为不动产抵押债券、动产抵押债券和证券信托抵押债券。信用债券是无担保债券，是仅凭公司自身的信用发行的、没有抵押品作抵押担保的债券。在公司清算时，信用债券的持有人因无特定的资产作担保品，只能作为一般债权人参与剩余财产的分配。

2. 发行债券的程序

（1）做出决议。公司发行债券要由董事会制订方案，股东大会做出决议。

（2）提出申请。我国规定，公司申请发行债券由国务院证券管理部门批准。证券管理部门按照国务院确定的公司债券发行规模，审批公司债券的发行。公司申请应提交公司登记证明、公司章程、公司债券募集办法、资产评估报告和验资报告。

（3）公告募集办法。企业发行债券的申请经批准后，向社会公告债券募集办法。公司债券分私募发行和公募发行，私募发行是以特定的少数投资者为对象发行债券，而公募发行则是在证券市场上以非特定的广大投资者为对象公开发行债券。

（4）委托证券经营机构发售。公募间接发行是各国通行的公司债券发行方式，在这种发行方式下，发行公司与承销团签订承销协议。承销团由数家证券公司或投资银行组成，承销方式有代销和包销两种。代销是指承销机构代为推销债券，在约定期限内未售出的余额可退还发行公司，承销机构不承担发行风险。包销是由承销团先购入发行公司拟发行的全部债券，然后售给社会上的投资者，如果约定期限内未能全部售出，余额要由承销团负责认购。

（5）交付债券，收缴债券款，登记债券存根簿。发行债券通常不需经过填写认购证过程，由债券购买人直接向承销机构付款购买，承销单位付给企业债券。然后，发行公司向承销机构收缴债券款并结算代理费及预付款项。

3. 债券发行价格的确定

（1）债券的发行价格。债券的发行价格，是指债券原始投资者购入债券时应支付的市场价格，它与债券的面值可能一致也可能不一致。在实务中，公司债券的发行价格通常有 3 种情况：溢价发行、平价发行、折价发行。溢价发行是指按高于债券面额的价格发行债券；平价发行是指以债券的票面金额作为发行价格；折价发行是指按低于债券面额的价格发行债券。

(2) 债券发行价格的影响因素，主要包括以下方面：

第一，债券面值。债券的票面金额是决定债券发行价格的最基本因素。债券发行价格的高低，从根本上取决于债券面额的大小。一般而言，债券面额越大，发行价格越高。但是，如果不考虑利息因素，债券面额是债券到期价值，即债券的未来价值，而不是债券的现在价值，即发行价格。

第二，票面利率。债券的票面利率是债券的名义利率，通常在发行债券之前已确定，并注明于债券票面上。一般而言，债券的票面利率越高，发行价格越高；反之，发行价格越低。

第三，市场利率。债券发行时的市场利率是衡量债券票面利率高低的参照系，两者往往不一致，因此共同影响债券的发行价格。一般来说，债券的市场利率越高，债券的发行价格越低；反之越高。

第四，债券期限。同银行借款一样，债券的期限越长，债权人的风险越大，要求的利息报酬越高，债券的发行价格就可能较低；反之，可能较高。

4. 债券偿还方式

债券偿还时间按其实际发生与规定的到期日之间的关系，分为提前偿还与到期偿还两类，其中到期偿还又包括分批偿还和一次偿还两种。

(1) 提前偿还。提前偿还又称提前赎回或收回，是指在债券尚未到期之前就偿还。只有在公司发行债券的契约中明确规定了有关允许提前偿还的条款，公司才可以进行此项操作。提前偿还所支付的价格通常要高于债券的面值。具有提前偿还条款的债券可使公司筹资有较大的弹性。当公司资金有结余时，可提前赎回债券；当预测利率下降时，也可提前赎回债券，而后以较低的利率来发行新债券。

(2) 分批偿还。如果一个公司在发行同一种债券的当时就为不同编号或不同发行对象的债券规定了不同的到期日，这种债券就是分批偿还债券。因为各批债券的到期日不同，它们各自的发行价格和票面利率也可能不相同，从而导致发行费较高；但由于这种债券便于投资人挑选最合适的到期日，因而便于发行。

（3）一次偿还。到期一次性偿还的债券是最为常见的。

5. 债券筹资的特点

（1）一次筹资数额较大。利用发行公司债券筹资，能够筹集大额的资金，满足公司大规模筹资的需要。这是在银行借款、融资租赁等债券筹资方式中，企业选择发行公司债券筹资的主要原因，也能够适应大型公司经营规模的需要。

（2）提高公司的社会声誉。公司债券的发行主体，有严格的资格限制。发行公司债券，往往是股份有限公司和有实力的有限责任公司所为。通过发行公司债券，既筹集了大量资金，又扩大了公司的社会影响。

（3）筹集资金的使用限制条件少。与银行借款相比，债券筹资资金的使用具有相对的灵活性和自主性。特别是发行债券所筹集的大额资金，能够主要用于流动性较差的公司长期资产上。从资金使用的性质来看，银行借款一般期限短、额度小，主要用途为增加适量存货、增加小型设备等；反之，期限较长、额度较大，用于公司扩展、增加大型固定资产和基本建设投资的需求多采用发行债券方式。

（4）能够锁定资本成本的负担。尽管公司债券的利息比银行借款高，但公司债券的期限长、利率相对固定。在预计市场利率持续上升的金融市场环境下，发行公司债券筹资能够锁定资本成本。

（5）发行资格要求高，手续复杂。发行公司债券实际上是公司面向社会负债，债权人是社会公众，因此国家为了保护投资者利益，维护社会经济秩序，对发债公司的资格有严格的限制。从申报、审批、承销到取得资金，都需要经过众多环节和较长时间。

（6）资本成本较高。相对于银行借款筹资，发行债券的利息负担和筹资费用都比较高。而且债券不能像银行借款一样进行债务展期，加上大额的本金和较高的利息，在固定的到期日，将会对公司现金流量产生巨大的财务压力。

（三）融资租赁筹资

租赁，是指通过签订资产出让合同的方式，使用资产的一方（承租方）通过支付租金，向出让资产的一方（出租方）取得资产使用权的一种交易行为。在这项交易中，承租方通过得到所需资产的使用权，完成了筹集资金的行为。

1. 租赁的特征和分类

(1) 租赁的基本特征。

第一，所有权与使用权相互分离。租赁资产的所有权与使用权分离是租赁的主要特点之一。银行信用虽然也是所有权与使用权相分离，但载体还是货币资金，租赁则是资金与实物相结合基础上的分离。

第二，融资与融物相结合。租赁是以商品形态与货币形态相结合提供的信用活动，出租人在向企业出租资产的同时，解决企业的资金需求，具有信用和贸易双重性质。它不同于一般的借钱还钱、借物还物的信用形式，而是借物还钱，并以分期支付租金的方式来体现。租赁的这一特点将银行信贷和财产信贷融合在一起，成为企业融资的一种新形式。

第三，租金分期归流。在租金的偿还方式上，租金与银行信用到期还本付息不一样，采取了分期回流的方式。出租方的资金一次投入，分期收回。对于承租方而言，通过租赁可以提前获得资产的使用价值，分期支付租金便于分期规划未来的现金流出量。

(2) 租赁分类。租赁分为经营租赁和融资租赁。

第一，经营租赁是由租赁公司向承租单位在短期内提供设备，并提供维修、保养、人员培训等的一种服务性业务，又称服务性租赁。经营租赁的主要特点是：①出租的设备一般由租赁公司根据市场需要选定，然后再寻找承租企业。②租赁期较短，短于资产的有效使用期，在合理的限制条件内承租企业可以中途解约。③租赁设备的维修、保养由租赁公司负责。④租赁期满或合同中止以后，出租资产由租赁公司收回。经营租赁比较适用于租用技术过时较快的生产设备。

第二，融资租赁是由租赁公司按承租单位要求出资购买设备，在较长的合同期内提供给承租单位使用的融资信用业务，它是以融通资金为主要目的的租赁。融资租赁的主要特点是：①出租的设备由承租企业提出要求购买，或者由承租企业直接从制造商或销售商那里选定。②租赁期较长，接近于资产的有效使用期，在租赁期间双方无权取消合同。③由承租企业负责设备的维修、保养。④租赁期满，按事先约定的方法处理设备，包括退还租赁公司，或继续租赁，或企业留购。通常采用企业留购办法，即以很少的名义价格（相当于设备残值）买下设备。

2. 融资租赁的基本程序和形式

（1）融资租赁的基本程序。

第一，选择租赁公司，提出委托申请。当企业决定采用融资租赁方式以获取某项设备时，需要了解不同租赁公司的资信情况、融资条件和租赁费率等，分析比较选定一家作为出租单位。然后，向租赁公司申请办理融资租赁。

第二，签订购货协议。由承租企业和租赁公司中的一方或双方，与选定的设备供应厂商进行购买设备的技术谈判和商务谈判，在此基础上与设备供应厂商签订购货协议。

第三，签订租赁合同。承租企业与租赁公司签订租赁设备的合同，如需要进口设备，还应办理设备进口手续。租赁合同是租赁业务的重要文件，具有法律效力。融资租赁合同的内容可分为一般条款和特殊条款两部分。

第四，交货验收。设备供应厂商将设备发运到指定地点，承租企业要办理验收手续。验收合格后签发交货及验收证书交给租赁公司，作为其支付货款的依据。

第五，定期交付租金。承租企业按租赁合同规定，分期缴纳租金，这也就是承租企业对所筹资金的分期还款。

第六，合同期满处理设备。承租企业根据合同约定，对设备续租、退租或留购。

（2）融资租赁的基本形式。

第一，直接租赁。直接租赁是融资租赁的主要形式，承租方提出租赁申请时，出租方按照承租方的要求选购，然后出租给承租方。

第二，售后回租。售后回租是指承租方由于急需资金等各种原因，将自己资产售给出租方，然后以租赁的形式从出租方原封不动地租回资产的使用权。在这种租赁合同中，除资产所有者的名义改变，其余情况均无变化。

第三，杠杆租赁。杠杆租赁是指涉及承租人、出租人和资金出借人三方的融资租赁业务。一般来说，当所涉及的资产价值昂贵时，出租方自己只投入部分资金，通常为资产价值的20%~40%，其余资金通过将该资产抵押担保的方式，向第三方（通常为银行）申请贷款解决。租赁公司然后将购进的设备出租给承租方，用收取的租金偿还贷款，该资产的所有权属于出租方。出租人既是债权人也是债务人，如果出租人到期不能按期偿还借款，资产所有权则转移给资金的出借者。

3. 融资租赁的租金

（1）租金构成。融资租赁每期租金的多少，取决于以下三项因素：①设备原价及预计残值，包括设备买价、运输费、安装调试费、保险费等以及该设备租赁期满后，出售可得的市价。②利息，指租赁公司为承租企业购置设备垫付资金所应支付的利息。③租赁手续费，指租赁公司承办租赁设备所发生的业务费用和必要的利润。

（2）租金支付方式。租金的支付方式包括：①按支付间隔期长短，分为年付、半年付、季付和月付等方式。②按在期初和期末支付，分为先付和后付。③按每次支付额，分为等额支付和不等额支付。实务中，承租企业与租赁公司商定的租金支付方式，大多为后付等额年金。

（3）租金计算。我国融资租赁实务中，租金的计算大多采用等额年金法。在等额年金法下，通常要根据利率和租赁手续费率确定一个租费率，作为折现率。

等额年金法包括两种形式：第一种方法是后付租金，承租企业与租赁公司商定的租金支付方式，大多为后付等额年金，即普通年金；第二种方法即先付年金，承租企业有时可能会与租赁公司商定，采用先付等额租金的方式支付租金，即预付年金。

4. 融资租赁筹资的特点

（1）在资金缺乏情况下，能够迅速获得所需资产。融资租赁集融资与融物于一体，融资租赁使企业在资金短缺的情况下引进设备成为可能。特别是针对中小企业、新创企业而言，融资租赁是一条重要的融资途径。有时，大型企业对于大型设备、工具等固定资产也需要融资租赁解决巨额资金的需要，如商业航空公司的飞机，大多是通过融资租赁取得的。

（2）财务风险小，财务优势明显。融资租赁与购买的一次性支出相比，能够避免一次性支付的负担，而且租金支出是未来的、分期的，企业无须一次筹集大量资金偿还。还款时，租金可以通过项目本身产生的收益来支付。

（3）融资租赁筹资的限制条件少。企业运用股票、债券、长期借款等筹资方式，都受到相当多的资格条件的限制，如足够的抵押品、银行贷款的信用标准、发行债券的政府管制等。相比之下，租赁筹资的限制条件很少。

（4）租赁能延长资金融通的期限。通常为设备而贷款的借款期限比该资产的物理寿命要短得多，而租赁的融资期限却可接近全部使用寿命期限，并且其金额随设备价款金额而定，无融资额度的限制。

（5）免遭设备陈旧过时的风险。随着科学技术的不断进步，设备陈旧过时的风险很高，而多数租赁协议规定此种风险由出租人承担，承租企业可免受这种风险。

（6）资本成本高。其租金通常比举借银行借款或发行债券所负担的利息高得多，租金总额通常要高于设备价值的30%。尽管与借款方式比，融资租赁能避免到期一次性集中偿还的财务压力，但高额的固定租金也给各期的经营带来了负担。

三、商业信用筹资方法

商业信用是指企业在正常的经营活动和商品交易中由于延期付款或预收账款所形成的企业常见的信贷关系。

（一）商业信用方式

1. 应付账款

应付账款是供应商给企业提供的商业信用。由于购买者往往在到货一段时间后才进行付款，商业信用就成为企业短期资金来源。如企业规定对所有账单均见票后若干日进行付款，商业信用就成为随生产周转而变化的一项内在的资金来源。当企业扩大生产规模，其进货和应付账款相应增长，商业信用就提供了增产需要的部分资金。

2. 应计未付款

应计未付款是企业在生产经营和利润分配过程中已经计提但尚未以货币支付的款项。主要包括应付工资、应缴税金、应付利润或应付股利等。以应付工资为例，企业通常以半月或月为单位支付工资，在应付工资已计但未付的这段时间，就会形成应计未付款。它相当于职工给企业的一个信用。应缴税金、应付利润或应付股利也有类似的性质。应计未付款随着企业规模的扩大而增加，企业使用这些自然形成的资金无须付出任何代价。但企业不是总能控制这些款项，因为其支付是有一定时间的，企业不能总拖欠这些款项。所以，企业尽管可以充分利用应计未付款，但并不能控制这些账目的水平。

3. 预收货款

预收货款是指销货单位按照合同和协议规定，在发出货物之前向购货单位预先收取部分或全部货款的信用行为。购买单位对于紧俏商品往往乐于采用这种方式购货；销货方对于生产周期长、造价较高的商品，往往采用预收货款方式销货，以缓和本企业资金占用过多的矛盾。

（二）商业信用条件

信用条件是销货企业要求赊购客户支付货款的条件，包括信用期限、折扣期限和现金折扣。信用期限是企业为顾客规定的最长付款时间，折扣期限是为顾客规定的可享受现金折扣的付款时间，现金折扣是在顾客提前付款时给予的优惠。商业信用从总体上来看有三种形式：①免费信用，是指买方企业在规定的折扣期内享受折扣而获得的信用。②有代价信用，即买方企业放弃折扣付出代价而获得的信用。③展延信用，即买方企业超过规定的信用期推迟付款而强制获得的信用。

第三节　资本成本与资本结构

一、资本成本

（一）资本成本的构成、作用及计算

1. 资本成本的构成

"资本成本作为企业财务管理的一大基本范畴，对资本的使用效益有重大影

响。"❶ 资本成本是企业为筹集和使用资金而支付的费用。具体包括资金筹集费和资金占用费两部分。

（1）资金筹集费。资金筹集费是指企业在筹资过程中为获取资金而支付的费用，主要包括支付的银行借款手续费、股票债券的发行费等。

（2）资金占用费。资金占用费是指企业在生产经营、投资过程中因使用资金而支付的费用，主要包括向债权人支付的利息、向股东发放的股利等。

2. 资本成本的作用

资本成本是企业选择筹资来源和方式，拟订筹资方案的依据，也是评价投资项目可行性的衡量标准。具体体现为：①资本成本是影响企业筹资总额的重要因素。②资本成本是选择企业资金来源的基本依据。③资本成本是企业选用筹资方案的参考标准。④资本成本是确定最有资本结构的主要参数。

3. 资本成本计算

在财务管理中一般用相对数资本成本率表示，即资金占用费与筹资净额的比率。计算公式如下：

$$资本成本率 = \frac{资金占用费}{筹资总额 - 资金筹集费} \tag{3-1}$$

$$资金筹集费 = 筹资总额 \times 筹资费率 \tag{3-2}$$

$$资本成本率 = \frac{资金占用费}{筹资总额 \times (1 - 筹资费率)} \tag{3-3}$$

（二）个别资本成本

个别资本成本，指各种筹资方式所筹资金的成本，主要分为债务资本成本和权益资本成本两大类。债务资本成本包括银行借款资本成本和债券资本成本。权益资本成本包括优先股资本成本、普通股资本成本和留存收益资本成本。

1. 银行借款资本成本

由于银行借款的利息在税前支付，因此，其借款利息需要扣除所得税。

---

❶ 侯静茹，刘青. 资本成本的影响因素及测算方法的改进 [J]. 全国商情（理论研究），2013（20）：46.

$$银行借款资本成本 = \frac{借款利息 \times (1 - 所得税税率)}{筹资总额 \times (1 - 筹资费率)}$$

$$= \frac{借款利率 \times (1 - 所得税税率)}{1 - 筹资费率} \quad (3-4)$$

2. 债券筹资成本

同银行借款一样，债券利息也在税前支付。因此，其借款利息也需要扣除所得税。

$$长期债券的资本成本率 = \frac{债券利息 \times (1 - 所得税税率)}{筹资总额 \times (1 - 筹资费率)} \times 100\% \quad (3-5)$$

$$长期债券的资本成本率 = \frac{面值 \times 票面利率 \times (1 - 所得税税率)}{发行价格 \times 发行数量 \times (1 - 筹资费率)} \times 100\%$$

$$(3-6)$$

3. 优先股资本成本

企业发行优先股，要支付筹资费用，还要定期支付股利。一方面，优先股与债券不同，它的股利在税后支付，因此，优先股的股利无须再次扣税。另一方面，优先股与普通股不同，它每年的股利是稳定不变的，因此，优先股的股利不存在增长率的问题。

$$优先股资本成本率 = \frac{优先股每年股利额}{发行总额 \times (1 - 筹资费率)} \times 100\% \quad (3-7)$$

4. 普通股资本成本

普通股股票为企业基本资金，其股利要取决于企业生产经营情况，不能事先确定，因此，普通股的资本成本率很难预先准确地加以计算。其计算公式如下：

$$普通股资本成本率 = \frac{预计第一年每股股利}{普通股每股市价 \times (1 - 筹资费用率)} \times 100\% + 逐年增长率$$

$$(3-8)$$

5. 留存收益资本成本

企业所获利润，按规定可留存一定比例的资金，满足自身发展资金需要。因留存收益属于普通股股东所有，其成本应与普通股相同，只是没有筹资费用。其计算公式如下：

$$留存收益资本成本率 = \frac{普通股股利}{留存收益总额} \times 100\% + 股利增长率 \quad (3-9)$$

（三）综合资本成本

企业取得资金的渠道不尽相同，为保证企业有一个合理的资金来源结构，使各种资金保持合理的比率，就需要计算企业的综合资本成本。综合资本成本也称为加权平均资本成本，是以各种资金所占的比重为权数，对各种资金的成本率进行加权平均得出的。其计算公式如下：

$$综合资本成本率 = \sum （各种资金资本成本率 \times 该种资金来源占全部资金的比重）$$
$$(3-10)$$

二、资本结构

（一）资本结构的含义和作用

资本结构是指企业各种筹资方式的资金构成及其比例关系，它是企业筹资决策中的关键问题。最优的资本结构就是使企业综合资本成本最低、企业价值最大的资本结构。企业资金的来源多种多样，但整体包括权益资本和负债资本两个类别。资本结构问题主要是负债资本比率的问题。负债筹资具有两面性，既可以降低企业的资本成本，又会给企业带来财务风险。因此，在筹资决策时，企业必须权衡财务风险和资本成本的关系，确定最优的资本结构。

（二）最优资本结构的确定

第一，比较综合资本成本法。决策标准：计算综合资本成本率，$K_w = \sum_{j=1}^{n} K_j W_j$，选择综合资本成本低的方案。

第二，比较普通股每股利润法。决策标准：计算普通股每股利润，选择普通股每股利润高的方案。

第三，每股利润无差别点分析法。每股利润分析法是利用每股利润无差别点来进行资本结构决策的方法。每股利润无差别点是指两种筹资方式下普通股每股利润等同时的息税前利润点，也称息税前利润平衡点或筹资无差别点，简称息税前利润—每股利润分析法（EBIT—EPS 分析法）。决策标准：假定有甲、乙两个方案，则令 $EPS_甲 = EPS_乙$，求出临界 EBIT。若预计 EBIT>临界 EBIT，则应当选择负债筹资；若预计 EBIT<临界 EBIT，则应当选择权益筹资；若预计 EBIT=临界 EBIT，则两种都可以选。

第四章 企业投资管理与决策分析

第一节 投资管理及其原则

一、投资的意义

投资是企业重要的财务管理活动，投资是寻找有价值的项目并投入资金的过程。企业投资是指企业对现在所持有资金的一种运用，其目的是在未来一定时期内获得与风险相匹配的报酬。在市场经济条件下，公司的投资项目能否取得效益和规避风险，对企业的生存和发展十分重要。

第一，投资是企业价值增值的基本前提。企业财务管理的目标是不断增加企业价值，为股东创造财富。因此，企业必须进行投资，在投资中获得效益。

第二，投资对企业自身的生存和发展具有重要意义。企业无论是维持简单再生产还是实现扩大再生产，都必须进行一定的投资。要维持简单再生产的顺利进行，就必须及时对设备进行维修更新，对工艺进行改造等投资活动；要实现扩大再生产，就必须进行新项目的投资，如扩建厂房、增添设备等。

第三，企业投资是提高综合生产能力和降低经营风险的重要方法。公司将资金投向生产经营的关键环节和薄弱环节，可以使企业的生产经营更加均衡，形成更大的综合生产能力。同时企业向多个领域投资，可以有效地规避风险，也是降低企业经营风险的有效手段。

二、投资的特点

企业投资的重要意义在于发展生产、获取利润、降低风险，从而实现企业财务管理的目标。综合对内投资和对外投资的情形，投资的特点如下：

第一，投资的计划性。企业投资应该是按照企业的财务管理目标进行具体行动的结果，在市场经济的前提下，投资计划受诸多因素的影响，有经济大环境的影响，也有企业产品供求关系的影响，所以企业在投资前，必须认真进行市场调研，利用有利的投资机会，按计划进行投资。

第二，投资程序的科学性。在市场经济条件下，企业的投资都会面临一定的风险。为了保证投资决策科学有效，必须制定科学有效的投资决策程序，认真进行投资项目的可行性分析，从技术的可行性和经济的有效性方面进行论证，运用财务管理的方法计算出相关指标，对项目进行科学的评价。

第三，适当控制投资风险。收益与风险是如影随形的。只要有投资，就会有风险。因此，企业在投资时，必须将收益与风险进行统筹考虑。只有在收益与风险达到均衡的前提下，才有可能不断增加企业价值，实现财务管理的目标。

三、投资分类

（一）按投资时间长短分类

按投资时间长短，分为短期投资与长期投资。

第一，短期投资是指能够随时变现，持有时间不超过 1 年的有价证券及不超过 1 年的其他投资。

第二，长期投资是指不准备随时变现，持有时间超过 1 年的有价证券及超过 1 年的其他投资。

短期投资与长期投资的界限主要有两个：一是能够随时变现；二是准备随时变现。只有同时符合这两个条件，才列入短期投资，否则列入长期投资。

（二）按投资的范围分类

按投资的范围，分为对内投资和对外投资。

第一，对内投资是指企业为了保证生产经营活动的连续和规模的扩大，对内部生产经营所需各种资产的投资。

第二，对外投资是指企业将所拥有的资产直接投入其他企业或购买各种证券形成的投资，其主要形式有对外证券投资和对外直接投资两种。

（三）按投资方式不同分类

按投资方式不同，分为实物投资与证券投资。

第一，实物投资又称直接投资，是指企业以现金、实物、无形资产等投入其他企业进行的投资。

第二，证券投资又称间接投资，是指以购买有价证券（如股票、债券等）的方式对其他企业进行的投资。投资证券按其性质分为三类：①债券性证券，由发行企业或政府机构发行规定还本付息的时间与金额的债务证书，包括国库券、金融债券和其他公司债券，表明企业拥有证券发行单位的债权。②权益性证券，表明企业拥有证券发行公司的所有权，如其他公司发行的普通股股票，其投资收益决定于发行公司的股利和股票市场价格。③混合性证券，指企业购买的优先股股票。优先股股票是介于普通股股票和债券之间的一种混合性有价证券。

（四）按投资对企业前途的影响分类

按投资对企业前途的影响，分为战术性投资与战略性投资。

第一，战术性投资是指不涉及企业整个前途的投资。

第二，战略性投资是指对企业全局产生重大影响的投资。

（五）按投资的风险程度分类

按投资的风险程度，分为确定性投资与风险性投资。

第一，确定性投资是指在对未来影响投资决策的各种因素的影响方向及程度都明确掌握情况下进行的投资。

第二，风险性投资是指在对未来影响投资决策的各种因素的影响方向或影响程度不能明确掌握情况下进行的投资。

四、投资管理的原则

"投资管理，是指投资主体为实现自身的投资目标，在一定的外部和内部约束下，利用拥有的资金，采取一系列的策略和行动，进行计划、组织、实施和控制，最终达到财富最大化的管理过程。"❶ 投资管理极为重要，如果没有科学的规划，投资活动将会无章法可循。

（一）谨慎性

投资项目一旦实施，便会在较长时间内影响企业，一般的项目投资都需要几年、十几年甚至几十年才能收回。因此，项目投资对企业今后长期的经济效益，甚至对企业的命运都有着决定性的影响。因此，企业在进行项目投资管理时必须遵循谨慎性的原则，降低企业风险，增加企业价值。

（二）量力而行

项目投资一般都需要较多的资金，小到几万元的设备，大到上百万、上亿元的建设项目。因此，项目投资对企业财务状况和现金流有很大的影响。这就要求应根据企业的实际情况和筹资能力，合理安排资金预算，量力而行。

（三）科学决策

项目投资事关重大，影响深远，绝不能在缺乏调查研究的情况下，轻率拍板，所以，必须按照一定程序，认真细致地收集信息，考虑各种量化和非量化的因素，运用科学的方法，严格按照科学的程序进行投资项目的论证，并严格控制资本预算的执行过程，如期完成投资项目。

（四）收益与风险相结合

只要进行项目投资就会有风险，我们既不能不考虑风险的因素，盲目地进行投资导致企业亏损，也不能一味回避风险，错失大好的投资机会，因此，必须将收益与风险进行统筹考虑力求收益与风险达到均衡状态，才能在市场竞争中不断增加企业价值，实现财务管理的目标。

---

❶ 冯科. 投资管理 [M]. 北京：中国发展出版社，2009：10.

第二节 证券投资管理与投资组合

一、证券投资的认知

证券投资管理是企业进行金融投资所形成的资产的管理。与其他投资方式不同，证券投资的对象是金融资产。金融资产是一个相对于实物资产的概念，通常指企业的股权投资、债权投资和衍生金融工具形成的资产等。

（一）证券的种类

证券的概念有广义和狭义之分：广义的概念是多种经济权益凭证的统称，是用来证明券票持有人享有的某种特定经济权益的法律凭证，它代表证券持有人凭该证券能拥有特定的经济权益，比如资本证券、货币证券和商品证券等；狭义上的证券是指证券市场上的证券产品，比如股票、债券、股票期货、期权等。此处证券主要是指狭义上的概念。

证券按照不同的划分标准可分为以下六类：

（1）按照发行主体的不同，可分为政府证券、金融证券和公司证券。①政府证券是中央或地方政府为筹集资金而发行的证券，如国库券。②金融证券是银行或金融机构为筹集资金而发行的证券，如国家开发银行通过工商银行发行的银行柜台金融债券。③公司证券是由具体的公司发行的证券。

（2）按照证券所体现的权益关系，可分为所有权证券和债权证券。①所有权证券是指证券的持有人便是证券发行单位的所有者的证券，如股票。②债权证券是指证券的持有人是证券发行单位的债权人的证券，如债券。

（3）按照证券收益的决定因素，可分为原生证券和衍生证券。①原生证券的收益大小主要取决于发行人的财务状况。②衍生证券包括期货合约和期权合约两种基本类型，其收益取决于原生证券的价格。

（4）按照募集方式的不同，可分为公募证券和私募证券。①公募证券，又称公开发行证券，是指发行人向不特定的社会公众广泛发售的证券。②私募证券，又称内部发行证券，是指面向少数特定投资者发行的证券。

（5）按照证券收益稳定性的不同，可分为固定收益证券和变动收益证券。①固定收益证券在证券票面规定有固定收益率。②变动收益证券的收益情况随企业经营状况而改变。

（6）按照证券到期日的长短，可分为短期证券和长期证券。①短期证券是指到期日短于一年的证券。②长期证券是到期日在一年以上的证券。

（二）证券投资的种类

证券投资是指投资者将资金投资于股票、债券、基金及衍生证券等资产，从而获取收益的一种投资行为。通过证券投资，投资人能暂时存放闲置资金、能与筹集长期资金相配合获取收益、能满足未来的财务需求、能获得对相关企业的控制权，还能应对季节性经营资金需求。

在金融市场上的证券投资种类很多，其中可供企业投资的证券主要有国债、企业股票与债券、投资基金以及期权期货等衍生产品。证券投资具体可以分为以下六类：

（1）债券投资。是指投资者购买债券以取得资金收益的一种投资活动。

（2）股票投资。是指投资者将资金投向股票，通过股票的买卖和收取股利以获得收益的投资行为。

（3）基金投资。是指投资者通过购买投资基金股份或受益凭证来获取收益的投资方式。这种方式可使投资者享受专家服务，有利于分散风险，获得较高的、较稳定的投资收益。

（4）期货投资。是指投资者通过买卖期货合约躲避价格风险或赚取利润的一种投资方式。所谓期货合约，是指在将来一定时期以指定价格买卖一定数量和质量的商品而由商品交易所制订的统一的标准合约，它是确定期货交易关系的一种契约，是期货市场的交易对象。

（5）期权投资。是指为了实现盈利目的或者规避风险而进行期权买卖的一种投资方式。

（6）证券组合投资。是指企业将资金同时投资于多种证券，是企业等法人单位进行证券投资时常用的投资方式。

（三）证券投资的特点

（1）流动性强。证券资产的流动性明显地高于实物资产。

（2）价格不稳定，投资风险大。证券资产相对于实物资产来说，受人为因素的影响较大，且没有相应的实物作保证，其价格受政治、经济环境等各种因素的影响较大，具有价格不稳定、投资风险较大的特点。

（3）交易成本低。证券交易过程快速、简捷、成本较低。

二、债券投资管理

（一）债券及债券要素

债券是依据国家法定程序发行的约定在一定期限内还本付息的有价证券，它反映债券发行者与持有者之间的债权债务关系。企业通过债券投资可以利用暂时闲置资金，调节现金余额，获得收益。

债券一般包含以下基本要素：

（1）债券面值。是指债券设定的票面金额，它代表发行人借入并且承诺于未来某特定日偿付债券持有人的金额。债券面值包括两个方面的内容：①票面币种，以何种货币作为债券的计量单位。一般而言，在国内发行的债券，发行的对象是国内有关经济主体，则选择本国货币；如果在国外发行，则选择发行地国家或地区的货币或国际通用货币（如美元）作为债券币种。②票面金额。票面金额是对债务的发行成本、发行数量和持有者的分布具有影响的因素。一般情况下，票面金额小，有利于小额投资者参与购买，从而有利于债务发行，但发行费用可能增加；反之亦然。

（2）债券票面利率。是指债券发行者预计一年内向持有者支付的利息占票面金额的比率。

（3）债券到期日。是指偿还债券本金的日期。债券一般都有规定到期日，以便到期时归还本金。

（二）债券投资的特点

（1）可以收回本金。无论长期债券投资，还是短期债券投资，都有到期日，债券到期应当收回本金。

（2）无权参与企业经营管理。从投资权利来说，在各种投资方式中，债券投资者的权利最小，无权参与被投资企业经营管理，只有按约定取得利息，到期收回本金的权利。

（3）投资风险小。债券投资收益通常是事前预定的，收益率通常不及股票高，但具有较强的稳定性，投资风险也较小。

（三）债权投资收益的估价

（1）一次还本付息债券的估价。又叫零息债券，是承诺在未来某一特定日期做某一单笔支付的债券。到期一次还本付息债券是到期前不做任何支付，到期时按照面值、票面利率、到期限一次偿本付息的债券。假设某到期一次还本付息债券的面值为 F，票面利率为 R，期限为 n 年，市场利率为 i。那么，现在购买该债券合理的价格应该是：

$$P = \frac{F \times R \times n + F}{(1+i)^n} \tag{4-1}$$

（2）分次付息到期一次还本债券的估价。又称为平息债券，是指利息在到期时间内平均支付的债券。支付的频率可能是每季一次、半年一次、一年一次。平息债券的面值为 F，票面利率为 R，期限为 n，市场利率为 i，年付息次数为 m，那么购买的合理价格应该是：

$$P = \sum_{t=1}^{mn} \frac{F \times R \div m}{(1+i \div m)^t} + \frac{F}{(1+i \div m)^{mn}} \tag{4-2}$$

三、股票投资管理

（一）股票投资的目的

股票是股份公司为筹集资金而发行给出资人作为持股凭证并借以取得股息和红利的一种有价证券。每股股票都代表持有者对企业拥有一个基本单位的所有权。股票是股份公司资本的构成部分，可以转让、买卖，是资本市场的主要长期信用工具，但不能要求公司返还其出资。

股票投资是指企业或个人用积累起来的货币购买股票，借以获得收益的行为。股票投资的收益是由"收入收益"和"资本利得"两部分构成的。收入收益是指股票投资者以股东身份，按照持股的份额，在公司盈利分配中得到的股息和红利的收益。资本利得是指投资者在股票价格的变化中所得到的收益，即将股票低价买进、高价卖出所得到的差价收益。

企业进行股票投资的目的主要有两种：一是获利，作为一般的证券投资，获取股利收入及股票买卖差价；二是控股，即通过购买某一企业的大量股票达到控制该企业的目的。

（二）股票的种类

1. 按股东权利分类

（1）优先股。优先股是与"普通股"相对应的称呼，是股份公司发行的在分配红利和剩余财产时比普通股具有优先权的股份。优先股也是一种没有期限的有权凭证，优先股股东一般不能在中途向公司要求退股（少数可赎回的优先股例外）。

优先股有三个主要特征：①优先股通常预先约定股息收益率。因为优先股股息率事先固定，所以优先股的股息一般不会根据公司经营情况而增减，而且一般也不能参与公司的分红，但优先股可以先于普通股获得股息，对公司来说，由于股息固定，它不影响公司的利润分配。②优先股的权利范围小。优先股股东一般没有选举权和被选举权，对股份公司的重大经营无投票权，但在某些情况下可以享有投票权。比如公司股东大会需要讨论与优先股有关的索偿权。③剩余资产分配优先权。股份公司在解散、破产清算时，优先股具有公司剩余资产的分配优先权，不过，优先股的优先分配权在债权人之后，而在普通股之前。只有还清公司债权人债务之后，有剩余资产时，优先股才具有剩余资产的分配权。只有在优先股索偿之后，普通股才参与分配。

（2）普通股。普通股是"优先股"的对称，是随着企业利润变动而变动的一种股份，是公司资本构成中最普通、最基本的股份，是股份企业资金的基础部分。

普通股的基本特点是投资收益不是在购买时约定，而是事后根据股票发行公司的经营业绩来确定。公司的经营业绩好，普通股的收益就高；而经营业绩差，普通股的收益就低。普通股是股份公司资本构成中最重要、最基本的股份，也是风险最大的一种股份，但又是股票中最基本、最常见的一种。

普通股有四个特点：①持有普通股的股东有权获得股利，但必须是在公司支付了债息和优先股的股息之后才能分得。②当公司因破产或结业而进行清算时，普通股东有权分得公司剩余资产，但普通股东必须在公司的债权人、优先股股东之后才能分得财产，财产多时多分，少时少分，没有则只能作罢。③普通股东一般都拥有发言权和表决权，即有权就公司重大问题进行发言和投票表决。普通股东持有一股便有一股的投票权，持有两股者便有两股的投票权。任何普通股东都有资格参加公司最高级会议。每年一次的股东大会，如果不愿参加，也可以委托代理人来行使其投票权。④普通股东一般具有优先认股权，即当公司增发新普通股时，现有股东有权优先购买新发行的股票，以保持其对企业所有权的原百分比不变，从而维持其在公司中的权益。

2. 按投资主体分类

（1）国有股是国家持有的股份，代表国家投资的政府机构或部门以国有资产投入形成的股份公司的股票。

（2）企业法人股是企业法人以其依法可支配的资产向其他企业投资而形成的股份，或具有法人资格的事业单位以及其他社团，以国家允许用于经营的资产投资而形成的股份公司的股票。

（3）社会公众股，也称自然人股、个人股，包括两种类型：一种是企业内部职工股，指职工持有本企业内部发行的股票（现已叫停）；另一种是社会个人股，是指城乡居民购买股份制企业公开发行的股票。

3. 按上市地点分类

按上市地点区分，主要依据股票的上市地点和所面对的投资者而定。

（1）A股的正式名称是人民币普通股票。它是由我国境内注册的公司发行，供境内机构、组织或个人（不含台、港、澳地区投资者）以人民币认购和交易的普通股股票。

（2）B股的正式名称是人民币特种股票。它是以人民币标明面值，以外币认购和买卖，在境内（上海、深圳）证券交易所上市交易的。它的投资人限于：外国的自然人、法人和其他组织，中国香港、中国澳门、中国台湾地区的自然人、法人和其他组织，定居在国外的中国公民，中国证监会规定的其他投资人。现阶段 B 股的投资人，主要是上述几类中的机构投资者。B 股公司的注册地和上市地都在境内，只不过投资者在境外或在中国香港、中国澳门及中国台湾。

（3）H 股，即注册地在内地、上市地点在香港的外资股。香港的英文是 HongKong，取其字首，在港上市外资股就称为 H 股。

以此类推，纽约的第一个英文字母是 N，新加坡的第一个英文字母是 S，纽约和新加坡上市的股票就分别称为 N 股和 S 股。

（三）股票投资的特点

（1）股票投资是权益性投资。股票投资与债券投资虽然都是证券投资，但投资的性质不同：股票投资是权益性投资，股票是代表所有权的凭证，持有人作为发行公司的股东，有权参与公司的经营决策。

（2）股票投资的风险大。投资者购买股票后，不能要求股份公司偿还本金，只能在证券市场上转让。因此股票投资者至少面临两方面的风险：①股票发行公司经营不善所形成的风险。②股票市场价格变动所形成的价差损失风险。

（3）股票投资的收益率高。由于投资的高风险性，股票作为一种收益不固定的证券，其收益率一般高于债券。

（4）股票投资的收益不稳定。股票投资的收益主要是公司发放的股利和股票转让的价差收益，相对于债券而言，其稳定性较差。

（5）股票价格的波动性大。股票价格既受发行公司经营状况影响，又受股市投机等因素的影响，波动性极大。

（四）股票投资的计算

1. 股票的价值

股票的价值是股票预期获得的各项未来收益的现金流量现值。未来的收益包括持有股票期间所获得的股利、不想持有股票转让股票获得的价差收益、股份公司的清算收益等。如果股票持有者不准备中途转让股票，股票投资没有到期日，投资于股票所得到的收益是股票各期股利的现值。

假定某股票未来各期股利为 D_t（t 为期数，$t=1$，2，3，4，…，t），最终出售价为 P_t，i 为期望收益率，则该股票价值 P 为：

$$P = \frac{D_1}{(1+i)^1} + \frac{D_2}{(1+i)^2} + \cdots + \frac{D_t}{(1+i)^t} + \frac{P_t}{(1+i)^t} \qquad (4-3)$$

2. 股票估价

（1）固定增长型。如果公司的普通股以固定的股利支付给股东以及优先股支付股利，股利固定不变，并且没有到期日。这样的固定股利股票的价值相当于永续年金。其每股价值为：

$$P = \frac{D}{i} \qquad (4-4)$$

（2）稳定增长型。如果公司的红利不是固定的，而是稳定增长的，增长率为 g，则每股股利内在价值计算公式为：

$$P = \frac{D(1+g)}{i-g}(g < i) \qquad (4-5)$$

（3）阶段性增长。在现实中，许多公司的股利不会是固定不变的，也不会是永远增长的，一般情况下是在某一阶段是增长的，之后公司的股利固定不变。还有些情况是公司一开始快速增长，之后增长速度放慢。对于这类型股票，需要分段计算，才能确定股票的价值。

四、基金投资管理

（一）投资基金

投资基金也称为互助基金或共同基金，是指通过公开发售基金份额募集资本，然后投资于证券的专业投资机构经营运作。投资基金由基金管理人管理，基金托管人托管，以资产组合方式进行证券投资活动，为基金份额持有人的利益服务。

投资基金的最大优点是能够在不承担太大风险的情况下获得较高收益，享受专家理财服务，同时具有资金规模优势。但是，基金投资的缺点也无法避免，如无法获得很高的投资收益，同时在大盘整体大幅度下跌的情况下，投资人可能承担较大的风险。

（二）投资基金的种类

1. 根据基金的运作方式不同分类

（1）封闭式投资基金是根据发起人预先设立的基金份额总额，在基金合同期限内固定不变，基金份额可以在依法设立的证券交易场所交易，但在封闭期内基金份额持有人不得申请赎回基金。

（2）开放式投资基金是基金份额总额不固定，基金份额可以在基金合同约定的时间和场所进行赎回，或者继续购买以增加所持份额的基金。

2. 根据组织形态不同分类

（1）契约型基金又称为单位信托基金，是指受益人（投资者）、管理人、托管人三方当事人订立合同（契约），由管理人（经理机构）即委托人，成立信托公司，对信托资产进行经营管理；银行或信托公司作为托管人，保管信托资产；受益者（投资人）享有信托公司按照合同约定分配的投资收益，这样的投资基金方式称为单位信托基金。

（2）公司型基金是按照股份公司方式运营的基金。投资者购买公司股票成为公司股东。公司型基金涉及4个当事人：投资公司，是公司型基金的主体；管理公司，为投资公司经营资产；保管公司，一般由银行或信托公司担任，为投资公司保管资产；承销公司，负责推销和回购公司股票。

3. 根据资金募集方式和来源分类

（1）公募基金是以公开发行证券募集资金方式设立的基金。

（2）私募基金是以非公开发行方式募集资金所设立的基金。私募基金面向特定的投资群体，满足对投资有特殊期望的客户需求。

4. 根据投资标的不同分类

根据投资标的不同，可分为股票基金、债券基金、货币基金、期货基金、期权基金、认股权证基金、专门基金等。

（三）投资基金的价值

投资基金价值的确定采用求取基金资产净值的方法。

基金单位净值，也称基金资产净值、单位净资产值，指在某一基金估值时点上，按照公允价格计算的基金资产的总市值扣除负债后的余额，该余额是基金份额持有人的权益。按照公允价格计算基金资产的过程就是基金的估值。这一指标，是评价基金价值的最直观指标。计算公式为：

$$基金单位净值 = \frac{基金净资产价值总额}{基金单位总份额} = \frac{基金资产总额 - 基金负债总额}{基金单位总份额} \quad (4-6)$$

其中，基金负债中包括以基金名义对外融资时的借款、应付给投资者的分红、应付给基金管理人的报酬、税金等。

基金的报价理论上是由基金的价值决定的。基金资产净值高，基金的交易价格也高。基金通常采用两种报价形式：认购价（卖出价）和赎回价（买入价）。

$$基金认购价=基金单位净值+首次认购费 \quad (4-7)$$

$$基金赎回价=基金单位净值-基金赎回费 \quad (4-8)$$

五、证券投资组合

投资组合是指若干种证券组成的投资组合，其收益是这些证券收益的加权平均数，但是其风险不是这些证券风险的加权平均风险，投资组合能降低非系统性风险。

（一）证券投资组合策略

进行证券投资组合，是为了能有效地分散风险。下面简单介绍最为常见的证券投资组合策略。

1. 保守型策略

保守型策略认为，最佳的证券投资组合策略是要尽可能地模拟出现有的市场状况，将符合投资者心理的证券尽可能多地放到组合中来，以便分散预测中可能存在的风险，以得到市场上所有证券的平均收益值作为组合的收益。

保守型策略的优点是：能分散全部可分散风险，不需要高深的证券投资的专业知识，证券投资的管理费比较低。缺点是：这种策略获得的收益不会高于证券市场上所有证券的平均收益。因此此种策略收益不高，风险也不大。故称为保守型策略。

2. 适中型策略

适中型策略认为，证券的价格，特别是股票的价格，是由特定企业的经营业绩来决定的。市场上股票价格的一时沉浮并不重要，只要企业经营业绩好，股票价格一定会上升到其本来的价值水平。因为这种投资策略风险不太大，收益却比较高，所以是一种最常见的投资组合策略。各种金融机构、投资基金和企事业单位在进行证券投资时一般都采用此种策略。

适中型策略的优点是：如果分析得好，可获得较高的收益，同时不用承担太大风险。但进行这种组合的人必须具备丰富的投资经验，拥有进行证券投资的各种专业知识。

3. 冒险型策略

冒险型策略认为，与市场完全一样的组合不是最佳组合，只要投资组合做得好，就能取得远远高于市场平均水平的收益。在这种组合中，一些成长型的股票比较多，而那些低风险、低收益的证券不多。另外，其组合的随意性强，变动频繁。采用这种策略的人，一般都是"探险家"。这种策略收益高，风险大，因此称为冒险型策略。

（二）证券投资组合的方法

证券投资组合的方法跟随投资者的策略和性格不同，方法也多种多样。

（1）选择尽可能多的证券进行组合。这是一种最简单的证券投资组合方法。在采用这种方法时，不是进行有目的的组合，而是随机选择证券随着证券数量的增加，可分散风险会逐步减少，当购买的数量足够多时，大部分可分散风险的都能分散掉。

（2）1/3 法。把风险小、风险中等、风险大的证券放在一起进行组合，这种组合方法又称 1/3 法。1/3 法是指把全部资金的 1/3 投资于风险大的证券，1/3 投资于风险中等的证券，1/3 投资于风险小的证券。一般而言，风险大的证券对经济形势的变化比较敏感。当经济处于繁荣时期，风险大的证券会获得高额收益。但当经济衰退时，风险大的证券会遭受巨额损失。相反，风险小的证券对经济形势的变化则不十分敏感，一般都能获得稳定收益，而不致遭受损失。因此，这种1/3的投资组合法，是一种进可攻、退可守的组合法，虽不会获得太高的收益，但也不会承担巨大风险，是一种常见的组合方法。

（3）把投资收益呈负相关的证券放在一起进行组合。这种组合中，通常会购买投资收益呈负相关的股票。投资收益负相关的股票是指其中一种股票的收益上升，而另一种股票的收益下降的两种股票，称为负相关股票。把这样收益呈负相关的股票组合在一起，能有效分散风险。

第三节　项目投资管理与决策评价

"项目投资是一种以特定建设项目为对象，直接与新建项目或更新改造项目有关的长期投资行为，其目的是获得增加公司未来现金流量的长期资产，提高公司的价值。"[1] 在市场经济条件下，投资是企业实现财务管理目标的基本前提，是发展与获利的必要手段，也是降低风险的有效方法。投资管理是现代企业财务管理的一项重要内容。

一、项目投资的基础认知

（一）项目投资的特点

项目在日常生活中随处可见，建设一栋大楼、开发一种产品、对生产线进行更新改造等都可称为项目。项目是指为创造某种独特产品或服务的一次性努力。独特是指项目所创造的产品或服务在关键特性上与其他产品或服务有不同之处，由于它是一次性的，因而是独特的。一次性是指每个项目都有开始和结束的时间，每个项目的历时都是有限的，任何一个项目都包含很多创新之处。

---

[1]　漆凡. 财务管理［M］. 上海：立信会计出版社，2020：207.

项目投资是以特定项目为对象，直接参与新建项目或更新改造项目有关的长期投资行为，从性质上讲，它是企业直接的、生产性的、对内的实物投资，通常包括固定资产投资、无形资产投资、开办费投资、流动资产投资等内容。

项目投资是企业内部生产经营资产的长期投资，与短期投资和对外投资相比，它具有以下特点：

（1）投资数额较大。项目投资一般涉及企业战略布局问题，涉及的金额多达百万元、千万元，甚至数亿元，其投资所形成的资产占企业总资产的比重相当大，因此项目投资对企业的财务状况和经营成果将产生深远的影响。

（2）影响时间较长。作为长期投资的项目发挥作用的时间较长，项目的寿命周期达几年、十几年，甚至是几十年，项目一旦实施，将在未来相当长的时间内对企业的经济活动产生影响。

（3）变现能力较差。项目投资一般不打算在一年或超过一年的一个营业周期内变现，而且在一年内或超过一年的一个营业周期内变现能力也较差，因为投资一旦完成，想改变是相当困难的，不是无法实现就是变现能力较差。

（4）投资风险较高。因为项目投资所涉及的投资金额较大，历时和影响时间也较为长远，未来收益的不确定性因素较多，所以，项目投资的风险相对较高。投资决策一旦失败，给企业带来的影响是灾难性的，轻则亏损，重则导致企业倒闭破产。

（二）项目投资分类

（1）项目投资按照其对企业前途的影响可分为战术性投资和战略性投资。战术性投资是指不对整个企业前途产生重大影响的投资，如为提高劳动生产率而进行的投资、为改善工作环境而进行的投资等。战略性投资是指对企业全局产生重大影响的投资，如企业增加新产品的投资、企业转产的投资、新的领域的投资等。战略性投资的投资风险较高、所需金额较大、资金回收时间较长。

（2）项目投资按其相互关系可分为相关性投资和非相关性投资。如果某项目的采纳或放弃并不显著地影响另一个项目，则两个项目在经济上是不相关的，两者为非相关性投资。如果某项目的采纳或放弃会显著地影响另一个项目，则可以说这两个项目在经济上是相关的，如存在因果关系的两个投资项目，就是相关性投资。

（3）项目投资按照其与生产经营活动的关系可分为维持性投资和扩大生产能力的投资。维持性投资是为了维持其正常经营，保持现有生产能力而投入的财力，如固定资产的更新投资。扩大生产能力的投资是企业未来扩大生产规模，增加生产能力，或改变企业经营方向，对企业今后的经营与发展有着重大影响的各种投资。

（4）根据具体目标不同，项目投资可分为新建项目投资和更新改造项目投资，前者以新增生产能力为主要目标，后者则以恢复和改善生产能力为主要目标。在实务中，新建项目投资根据是否需要垫支周转资本又划分为单纯固定资产项目投资和完整的工业投资项目投资两大类。单纯固定资产项目投资，简称固定资产投资，是指在投资中只包括为取得固定资产而发生的垫支资本投入，不涉及周转资本的投入。完整的工业投资项目投资不仅包括固定资产投资，而且涉及流动资产、无形资产、开办费的投资，因此，不能简单地将项目投资等同于固定资产投资。

（5）项目投资按其投资对象分为固定资产投资、无形资产投资与开办费投资。固定资产投资是指投资于企业固定资产，尤其是生产经营用固定资产的投资，如对厂房、机器设备、运输设备、工具器具等的投资都属于固定资产投资。无形资产投资是指投资于企业长期使用但没有实物形态资产的投资，如对专利权、非专利技术、商标权、著作权、土地使用权和商誉的投资等均属于无形资产投资。开办费投资是指企业在开办期间发生的递延性费用。

（三）项目投资的程序

项目投资风险大、周期长、环节多、涉及面广，需要考虑众多因素，同时，项目投资需要按照规范的程序进行。从整个项目周期的角度看，项目的投资程序一般包括以下环节。

1. 项目提出环节

投资项目的提出是项目投资程序的第一步，是根据长远发展战略、中长期计划和投资环境的变化，在把握良好投资机会的情况下提出的，它可由企业管理当局和企业高层管理人员提出，也可由企业各级管理部门和相关部门领导提出。一般而言，企业管理当局和高层管理人员提出的项目投资多是具有战略意义的项目投资或是扩大生产能力的项目投资，其投资金额巨大，影响深远。而由企业各级管理部门和相关部门提出的项目投资主要是一些战术性项目投资或维持性的项目投资。具有战略意义的项目投资或扩大生产能力的项目投资一般要由企业的战略、市场、生产、财务和物资部门共同参与论证，对于企业各级管理部门和相关部门领导提出的战术性项目投资或维持性项目投资，可由先提出的部门进行论证。

2．项目评价环节

投资项目的评价主要涉及四项工作：①对提出的项目适当分类，为分析评价做好准备。②计算有关项目的建设周期，测算有关项目投产后的收入、费用和经济效益，预测有关项目现金流入和现金流出。③运用各种投资评价指标，对各项投资方案的可行性程度进行排序。④写出详细的评价报告。

3．项目决策环节

项目评价后，应按分权管理的决策权限由企业高层管理人员或相关部门经理做出最后决策。投资额较小的战术性项目投资或维持性项目投资一般由部门经理做出决策；金额较大的项目投资一般要由企业最高管理当局或企业高层管理人员做出决策，特别重大的项目投资还需报董事会或股东大会批准。无论是由哪一级管理人员做出最后决策，其决策结论一般可分为三种：①接受这个投资项目，可以进行投资。②拒绝这个投资项目，不能进行投资。③返还给项目提出部门，重新论证后再进行处理。

4．项目执行环节

决定对某项目进行投资后，要积极筹措资金，实施项目投资。在投资项目的执行过程中，要对工程进度、工程质量、施工成本和工程预算进行监督、控制和审核，防止工程建设中的舞弊行为，确保工程质量，保证按时完成。

5．项目的再评价环节

在投资项目的执行过程中，应注意原来做出的投资决策是否合理，是否正确。一旦出现新的情况，就要随时根据变化的情况做出新的评价。如果情况发生了重大变化，原来投资决策已经变得不合理，那么，就要做出是否终止该投资项目或怎样终止投资的决策，以避免更大的损失。

二、项目投资的现金流量

"现金流量是项目投资的财务评价指标，可以通过它来判断项目的可行与否。其含义是：由一项长期投资方案所引起的在未来一定期间所发生的现金收支，称为现金流量。"❶ 投资项目财务可行性评价需要现金流量和贴现率两个相关参数来作为依据。

（一）现金流量的相关概念

现金流量，也称现金流动量，在投资决策中是指一个投资项目引起的企业现金支出和收入增加的数量，它是评价投资方案是否具有财务可行性的一个基础数据。这里的"现金"是广义的现金，不仅包括货币资金，还包括投资项目需要投入的企业现有非货币性资源的变现价值。例如，一个投资项目需要使用原有的厂房、设备等资产，相关的现金流量是指它们的变现价值，而不是其账面成本。

在进行现金流量估计时有很多变量，涉及许多个人和部门。例如，销售量的预测和销售价格通常由营销部门根据价格弹性、广告效应、经济情况、竞争者反应及消费者偏好的变化趋势来制定。类似的，一项新产品相关的资本支出通常由工程师及产品开发人员确定，而经营成本则由成本会计、制造部门专家、人力资源专家和采购人员来估计。需要特别指出的是，在预测投资项目现金流量时，若能把握与投资项目有关的一些宏观经济数据，如国民生产总值、通货膨胀率等，能提高预测的准确程度。

现金流量包括现金流入量、现金流出量和现金净流量三个具体概念。

1. 现金流入量

现金流入量，是指由投资项目引起的企业现金收入的增加额，简称现金流入。对于新建项目来说，现金流入量的内容主要包括以下三项：

（1）营业收入。营业收入是指投资项目投产后每年实现的营业收入。它是经营期主要的现金流入项目。营业收入按照项目在经营期内相关产品预计单价和预

---

❶ 邹娅玲，肖梅峻. 财务管理 [M]. 重庆：重庆大学出版社，2021：110.

测销售量进行估算。从会计视角看，按权责发生制计量的营业收入并不是当期的经营现金流入。经营现金流入是当期现销收入和回收前期应收账款的合计数。为简化核算，通常假设正常经营年度内每期发生的赊销额与回收前期的应收账款大体相等。在这种情况下，某期的经营现金流入等于该期的营业收入。

（2）出售或报废时长期资产的残值收入。资产出售或报废时的残值收入，是由于当初的投资引起的，应当作为投资项目的一项现金流入。通常，长期资产的残值收入按长期资产的原值乘以其法定净残值率估计长期资产的残值收入或处置时账面价值估算。如果直接按终结点长期资产情况预计残值收入，其数值可能与按税法计提折旧的账面价值不一致，与长期资产处置相关的现金流量需考虑收益纳税、损失抵税带来的现金流量。

（3）垫付的流动资金回收。投资项目出售或报废时，流动资金将回收，回收的流动资金等于各年垫支流动资金投资额的合计数。

2. 现金流出量

现金流出量是指由投资项目引起的企业现金支出的增加额。对于新建项目来说，现金流出量的内容主要包括以下三项：

（1）原始投资。原始投资是指企业为使投资项目完全达到设计生产能力、开展正常经营而投入的全部资金，包括建设投资和流动资金投资两项内容。

建设投资是指在建设期内按一定生产经营规模和建设内容进行的投资，包括固定资产投资、无形资产投资和其他资产投资等。其他资产投资主要包括筹建费用、试运营费用、职工培训费等。除非特别指明，否则假设它们都是在建设期内投入的。

流动资金投资是指为维持正常生产经营活动而追加的周转性资金，一般在营业终了时才能收回。通常，流动资金投资发生在建设期期末或经营期期初。

（2）付现成本。又称经营成本，是指经营期内为满足正常生产经营而运用现金支付的成本费用，是项目在生产经营期最主要的现金流出量。企业的营业成本是由需要当期付现的经营成本和不需要在当期以现金支付的非付现成本两部分组成。付现成本主要包括原材料、燃料、动力、工资、生产设备的日常维护和经营性维修等，非付现成本主要包括固定资产折旧、无形资产及其他长期资产的摊销等。

（3）各项税款。各项税款是指项目投产后依法缴纳的、单独列示的各项税款，包括营业税金及附加、所得税等。在所得税的估算中，由于不再进行利润总额与应纳税所得额的调整。因此，所有非付现成本的估算都应符合税法规定。

3. 现金净流量

现金净流量又称净现金流量，是指在项目计算期由每年现金流入量与同年现金流出量之间的差额所形成的序列指标。无论是在经营期内还是在建设期内，都存在净现金流量。当现金流入量大于流出量时，净现金流量为正值；反之，净现金流量为负值。

由于项目计算期不同，阶段上现金流入与现金流出发生的可能性不同，使各阶段的净现金流量在数值上表现出不同的特点。一般来说，建设期内的净现金流量的数值为负值或等于零，经营期内的净现金流量则多为正值。

（二）项目现金流量估算

为简化起见，在投资项目现金流量估算中，把投资和筹资分开考虑，先评价项目本身的经济价值而不管筹资方式如何。如果投资项目有正的净现值，再去处理筹资的细节问题。这也就意味着，归还借款利息和本金不作现金流出。

按是否将所得税视为现金流出，现金流量有所得税前现金流量和所得税后现金流量两种形式。从企业或法人投资主体的角度看，所得税是一项现金流出。因此，除非特别注明，本书所述的现金流量均为所得税后现金流量。

为了便于估算，通常把投资项目的现金流量按时段特征分为初始现金流量、营业现金流量和终结现金流量。

1. 初始现金流量估算

初始现金流量，即建设期现金流量，是指从投资建设开始到完工投产这段时间发生的现金流量，是项目的投资支出。在这一时段，项目没有现金流入，只有现金流出。因此，初始现金流量等于负的原始投资，其估算公式为：

$$NCF_t = -P_t \tag{4-9}$$

式中：NCF_t——建设期某年的净现金流量；

P_t——该年的原始投资。

原始投资包括固定资产投资、无形资产投资、其他资产投资和流动资金投资四项内容。固定资产投资按项目规模和投资计划所确定的各项建设工程费用、设备购置费用和安装工程费用等来估算。无形资产投资和其他资产投资，根据需要和可能，逐项按有关资产的评估方法和计价标准估算。流动资金投资是经营期内长期占用并周转使用的营运资金，又称垫支流动资金或营运资金投资，可按以下公式估算：

$$某年流动资金投资额 = 本年流动资金需用数 - 上年流动资金需用数 \quad (4-10)$$

$$本年流动资金需用数 = 本年流动资产需用数 - 本年流动负债可用数 \quad (4-11)$$

2. 营业现金流量估算

营业现金流量，又称经营现金流量，是指项目投入生产经营后，在其寿命周期内生产经营所带来的现金流入和流出的数额。

$$
\begin{aligned}
营业现金流量 &= 营业收入 - 付现成本 - 所得税额 \quad (4-12)\\
&= 营业收入 - （营业成本 - 非付现成本） - 所得税额\\
&= 净利润 + 非付现成本 \quad (4-13)\\
&= ［营业收入 - （付现成本 + 非付现成本）］ \times\\
&\quad （1 - 所得税税率） + 非付现成本\\
&= 营业收入 \times （1 - 所得税税率） - 付现成本 \times\\
&\quad （1 - 所得税税率） + 非付现成本 \times 所得税税率\\
&= 税后营业收入 - 税后付现成本 + 非付现成本抵税 \quad (4-14)
\end{aligned}
$$

非付现成本并不是现金流出，它之所以会对投资项目的现金流量产生影响，是由于所得税的存在引起的。

非付现成本主要包括固定资产折旧、无形资产摊销、其他长期资产摊销、资产减值损失等。通常，在项目投资决策现金流量估算中，主要考虑固定资产折旧、无形资产摊销和其他长期资产摊销三项非付现成本。固定资产折旧和无形资产摊销按税法规定的净残值、使用年限和折旧摊销方法估算，其他长期资产摊销按制度规定在投产后第一年全额摊销。

在计算营业现金流量的三个公式中，公式（4-12）很少使用。因为，要知道所得税额，须先算出利润总额。在已知利润总额的情况下，可直接用公式(4-13)计算营业现金流量。公式（4-13）容易理解，所得税对营业现金流量的影响在计算净利润时一并考虑了，比较便于初学者掌握。

在实务中，由于所得税额的缴纳主体是企业而不是项目，因此，项目如果在某一年产生亏损，需要专门处理由亏损而产生的抵税现金流量，除非项目由专门注册的子公司独立运作。另外，在决定某个投资项目是否具有财务可行性时，不一定知道整个企业的利润及与此有关的所得税，也妨碍了公式（4-12）和公式（4-13）的使用。公式（4-14）不需要知道企业的利润是多少，使用起来比较方便。在有关固定资产更新的决策，我们没有办法计量某项资产给企业带来的收入和利润，以致无法使用前两个公式。

3. 终结现金流量估算

终结现金流量是指投资项目终结时所发生的现金流量。它主要包括长期资产报废或出售的现金流入、收回垫支的流动资金以及与税法确认的资产残值差异形成的纳税或抵税金额。

需要关注的是：按现行税法规定，在大多数情况下，投资项目寿命期末会有相关的纳税支出或收入。这是因为长期资产通常不是按账面价值报废或出售的。在考虑所得税情况下，需要将出售收入扣除账面价值和相关税费后的金额计入当期损益，按照出售收益和计提折旧后的账面价值之间的差额来测算纳税金额。

出售或处置长期资产现金流入可按以下公式计算：

$$NCF_c = S_c + (C_c - S_c) \times T \qquad (4-15)$$

式中：NCF_c——出售或处置长期资产现金流量；

S_c——预计净残值收入；

C_c——长期资产账面价值；

T——所得税税率。

（三）现金流量估算的要点

在确定投资方案的相关现金流量时，应遵循的基本原则是：只有增量的现金流量才是与项目相关的现金流量。所谓增量现金流量，是指接受或拒绝某个投资方案后，企业总现金流量因此发生的变动。因此，只有那些由于采纳某个项目引起的现金支出增加额才是该项目的现金流出，只有那些由于采纳某个项目引起的现金流入增加额，才是该项目的现金流入。

　　为正确计算投资方案的增量现金流量，需要正确判断哪些收入或支出会引起企业总现金流量的变动，哪些收入或支出不会引起企业总现金流量的变动。在进行这种判断时，要注意以下方面：

　　（1）区分相关成本与非相关成本。相关成本是指与特定决策有关的，在分析评价时必须加以考虑的成本。例如，差额成本、未来成本、重置成本和机会成本等都属于相关成本。非相关成本是指与特定决策无关，在分析评价时不必加以考虑的成本。例如，沉没成本、过去成本、账面成本等往往是非相关成本。如果将非相关成本纳入投资方案的总成本，则一个有利的方案可能因此变得不利，一个较好的方案可能因此变为较差的方案，从而造成决策错误。

　　（2）不要忽视机会成本。在投资方案的选择中，如果选择了一个方案，则必须放弃投资于其他项目的机会。其他投资机会可能取得的收益是实行本方案的一种代价，被称为这项投资方案的机会成本。机会成本不是我们通常意义上的"成本"，它不是一种支出或费用，而是失去的收益。这种收益不是实际发生的，是潜在的。机会成本总是针对具体方案的，离开方案就无从计量确定。机会成本在决策中的意义在于它有助于全面考虑可能采取的各种方案，以便为既定资源寻求最为有利的使用途径。

　　（3）要考虑投资方案对其他部门的影响。当我们采纳一个新的投资项目后，该项目可能对公司的其他部门造成有利或不利的影响。因此，在进行投资项目分析时，应当关注的是新项目实施后对整个公司预期现金流入的影响。当然，这些交互的影响有时是很难准确计量的。但决策者在进行投资分析时仍应将其考虑在内。

　　尽管在许多情形下，新项目会影响公司现有产品的市场和销售，但在有些情况下，新项目会促进现有产品的销售。例如：航空公司开通一条新航线，除直接创造了收入外，还将旅客运送至与之相连的其他航线，增加了相关航线的收入。因此，决策时必须考虑新项目实施后可能给公司带来的每一笔关联现金流量。

　　（4）考虑对净营运资金的影响。在一般情况下，一方面，当公司投资一个新项目并使销售额扩大后，对于存货和应收账款等流动资产的需求也会增加，公司必须筹措新的资金以满足这种额外需求；另一方面，公司扩充的结果，应付账款与其他一些应付费用等流动负债也会同时增加，从而降低公司流动资金的实际需要。

当投资方案的寿命周期快要结束时，公司将与项目相关的存货出售，应收账款变为现金，应付账款和应付费用也随之偿付，净营运资金恢复到原有水平。通常，在进行项目投资分析时，假定开始投资时筹措净营运资金，在项目结束时收回。

（5）忽略利息支付和融资现金流量。在评价新投资项目和确定现金流量时，往往将投资决策和融资决策分开，即从全部资本角度来考虑。此时，利息费用和投资项目的其他融资现金流量不应看成是该项目的增量现金流量。也就是说，即使接受项目时不得不通过举借债务来筹集资金，与筹集债务资金相关的利息支出及债务本金的偿还不是相关的现金流量。因为，当用公司要求的收益率作为贴现率来贴现项目的现金流量时，该贴现率已经隐含了这些项目的融资成本。分析人员通常事先确定对投资项目的期望收益或收益率要求，然后寻求最佳融资方式。

三、项目投资决策的评价方法

项目投资决策评价的基本原理是：当投资项目收益率超过资本成本时，企业价值将增加；投资项目收益率低于资本成本时，企业价值将减少。这一原理涉及项目的报酬率、资本成本和股东财富的关系。

投资要求的报酬率是投资人的机会成本，即是投资人将资金投资于其他等风险资产可以赚取的最高收益。企业投资项目的报酬率必须达到投资人的要求。如果企业的资产获得的报酬超过资本成本，企业的收益大于股东要求，必然会吸引新的投资者购买该公司股票，其结果是股价上升。如果相反，股东会对公司不满，有一部分人会出售公司股票，导致股价下跌。因此，资本成本也可以说是企业在现有资产上必须赚取的、能使股价维持不变的收益。股价代表了股东财富，反映了资本市场对公司价值的估计。企业投资取得高于资本成本的报酬，就为股东创造了价值；反之，则毁损了股东财富。因此，投资人要求的报酬率即资本成本，是评价项目是否为股东创造财富的标准。

项目投资决策是通过一定的经济评价指标来进行。进行投资项目决策的评价方法有非贴现评价方法和贴现评价方法两类。

（一）非贴现评价方法

非贴现评价方法不考虑资金的时间价值，而是把不同时间的现金流量看成是等效的。因此，这些方法在选择方案时通常起辅助作用。

1. 投资回收期法

投资回收期法是使用回收期作为评价方案优劣指标的一种方法。投资回收期是指投资引起的现金流入累计到与投资额相等所需的时间，代表收回投资所需的年限。回收年限越短，投资方案的流动性越好，风险越小。

投资回收期包括建设期的投资回收期（记作 PP）和不包括建设期的投资回收期（记作 PP'）两种形式。包括建设期的投资回收期等于不包括建设期的投资回收期加上建设期，即 $PP = PP' + S$。

使用投资回收期法进行决策必须有一个决策依据，但没有客观因素表明存在一个合适的截止期，可以使公司价值最大化。因此，回收期法没有相应的参照标准。通常，在不考虑其他评价指标的前提下，用小于或等于项目计算期的一半或基准回收期，作为判断投资项目是否具有财务可行性的标准。这一参照标准在一定意义上只是一种主观的臆断。

为了克服回收期法不考虑资金时间价值的缺陷，人们提出了折现投资回收期法。折现投资回收期，又称动态投资回收期，是指在考虑资金时间价值的情况下以投资项目引起的现金流入量抵偿原始投资所需要的时间。

动态投资回收期出现以后，为了区分，将传统的投资回收期称为非折现投资回收期或静态投资回收期。

2. 会计收益率法

会计收益率法是使用会计收益率作为评价方案优劣指标的一种方法。会计收益率，又称投资利润率，是年平均净收益占原始投资额的百分比。在计算时使用会计的收益、成本观念以及会计报表的利润数据，不直接使用现金流量信息。

与投资回收期一样，会计收益率指标没有一个客观的基准可以作为评判投资项目财务可行性的依据。通常以行业平均会计收益率或投资人要求的会计收益率作为基准。在不考虑其他评价指标的前提下，只有当会计收益率指标大于或等于基准会计收益率时，投资项目才具有财务可行性。

（二）贴现评价方法

贴现评价方法，是指考虑资金时间价值的分析评价方法，亦称为贴现现金流量分析技术，或动态分析法。常用的贴现评价方法主要包括净现值法、获利指数法和内含报酬率法等。

1. 净现值法

净现值法是使用净现值来评价方案优劣的一种方法。净现值（记作 NPV），是指特定方案在整个项目计算期内每年净现金流量现值的代数和，或者说是特定方案未来现金流入量的现值与未来现金流出量的现值之间的差额。

净现值法所依据的原理是：假设预计的现金流入在年末肯定可以实现，把原始投资看成是按预定贴现率借入的。当净现值为正时，偿还本息后还有剩余的收益。净现值的经济意义是投资方案贴现后的净收益。

要计算投资项目的净现值，不仅需要知道与项目相关的现金流量，还必须确定贴现率。在通常情况下，采用企业要求的最低投资报酬率或资本成本作为投资项目预定的贴现率。

净现值是一个折现的绝对量正指标，是项目投资决策评价指标中最重要的指标之一。净现值法考虑了资金的时间价值和整个项目寿命周期的现金流量，能反映投资项目在其计算期内的净收益。从理论上说，它比其他方法更完善，被誉为"理财的第一原则"，具有广泛的适用性。净现值法的缺点在于不能直接反映项目实际收益率水平；且当投资额不等时，无法用 NPV 确定独立方案的优劣。

按照这种方法，所有未来现金流入和流出都要按照预定的贴现率折算为现值，然后计算它们的差额。如净现值为正数，即贴现后现金流入大于贴现后现金流出，该投资项目的报酬率大于预定的贴现率；如净现值为零，即贴现后现金流入等于贴现后现金流出，该投资项目的报酬率等于预定的贴现率；如净现值为负数，即贴现后现金流入小于贴现后现金流出，该投资项目的报酬率小于预定的贴现率。因此，只有当净现值大于或等于 0，投资方案才具有财务可行性。

2. 获利指数法

获利指数法是指根据获利指数来评价方案优劣的一种方法。获利指数（记作

PI），又称现值指数，是指未来现金流入量的现值与现金流出量的现值的比率，或者说是投产后各年净现金流量的现值之和除以原始投资的现值。

获利指数是一个贴现的相对量正指标。它从动态的角度反映了投资项目的资金投入与总产出之间的关系，可以进行独立投资机会获利能力的比较。但它与净现值一样，无法直接反映投资项目的投资收益率。

获利指数可以看成是1元原始投资可望获得的现值净收益。它是一个相对数指标，反映的是投资的效率；而净现值指标是绝对数指标，反映的是投资的效益。只有当投资方案的获利指数大于或等于1，说明其收益超过或等于成本，即投资报酬率超过或等于预定的贴现率，方案才具有财务可行性。

3. 内含报酬率法

内含报酬率法是根据方案本身的内含报酬率来评价方案优劣的一种方法。内含报酬率（记作IRR），又称内部收益率或内部报酬率，是指能够使未来现金流入量的现值等于未来现金流出量的现值的贴现率，或者说是使投资方案净现值为零的贴现率。

净现值和获利指数虽然考虑了资金的时间价值，可以说明投资方案高于或低于某一特定的投资报酬率，但没有揭示方案本身可以达到的实际报酬率水平。

内含报酬率是投资项目本身"固有"的最高可以实现的投资收益率。"固有"是指内含报酬率是投资项目的内生变量，本身不受资本市场利率的影响，而取决于投资项目本身所产生的现金流量。只要确定了预期现金流量，包括各期现金流量规模和持续时间，也就确定了内含报酬率。"最高"是指内含报酬率反映投资项目所能达到的真实收益率，为投资者提供了一个选择期望要求报酬率的上限，即投资者的要求报酬率不能超过投资项目的内含报酬率，否则将无法偿还资本成本。

内含报酬率是一个折现的相对量正指标。它从动态的角度直接反映了投资项目实际收益水平，计算不受设定贴现率的影响。其缺点主要是计算过程比较麻烦，而借助计算机用插入函数法又无法求得真实的内含报酬率。

只有当内含报酬率大于或等于资本成本或投资人要求的收益率时，方案才具有财务可行性。

第五章 营运资金与利润分配管理

第一节 营运资金管理的主要内容

一、营运资金的特点与管理原则

营运资金有广义和狭义之分：广义的营运资金又称总营运资金，是指一个企业投放在流动资产上的资金，包括现金、有价证券、应收账款、存货等占用的资金；狭义的营运资金也叫净营运资金，是指流动资产减去流动负债后的差额。营运资金的管理既包括流动资产的管理，也包括流动负债的管理。

（一）营运资金的特点

要想有效地管理企业的营运资金，就必须把握营运资金的特点，以便开展针对性的管理。营运资金一般具有以下特点：

（1）营运资金周转期短。企业占用在流动资产上的资金周转期较短，通常是在一年或超过一年的一个营业周期内收回。根据这一特点，企业可以采用短期的筹资方式解决对营运资金的需求，如利用短期借款、商业信用等筹资方式提供营运资金。

（2）营运资金占用形态变动性大。营运资金每次循环都要经过采购、生产、销售等过程，例如先用现金购买原材料，再投入生产形成在产品和产成品，然后销售产品形成应收账款，最后收回应收账款得到现金。可见在这个循环过程中，营运资金的占用形态是不断变化着的。为此，企业有必要在不同形态的流动资产上合理配置资金，以促进资金循环周转的顺利进行。

(3) 营运资金占用数量波动性强。营运资金占用的数量会随着企业内外经营条件的变化而变化，时高时低，波动很大。特别是季节性生产的企业，其营运资金的占用数量在不同季节之间的波动更加明显。一般而言，在营运资金的波动过程中，流动负债和流动资产的变动方向是相同的。例如，随着销售的增加，存货和应收账款等流动资产的资金占用会增加，同时应付账款等自发性的流动负债也会增加。根据营运资金占用数量波动性强的特点，企业应事先预计不同时期营运资金的需求量，及时筹措所需要的营运资金，合理调整不同时期的营运资金占用量。

(4) 营运资金变现性强。交易性金融资产、应收账款和存货等流动资产一般具有较强的变现能力，企业如果遭遇意外情况而现金短缺、资金周转不灵时，可以迅速变卖这些流动资产，获取所需要的现金，帮助企业渡过难关。因此，持有适当的流动资产对企业应付临时性的资金需求具有重要的意义。企业应该根据营运资金变现性强的特点，合理配置资产结构，保留适当比例的流动资产。

(5) 营运资金来源灵活多样。企业筹集长期资金的方式一般包括吸收直接投资、发行股票、发行债券等方式。与此相比，企业筹集营运资金的方式更加灵活多样，通常包括短期借款、短期融资券、商业信用、应交税费、应付股利、应付职工薪酬等多种内、外部融资方式。企业应该根据营运资金来源灵活多样的特点，根据筹资需求选择最合适的筹资方式。

(二) 营运资金管理的原则

(1) 满足合理的资金需求。企业营运资金的需求数量与企业生产经营活动有直接关系。一般情况下，当企业产销两旺时，流动资产会不断增加，流动负债也会相应增加；而当企业产销量不断减少时，流动资产和流动负债也会相应减少。企业财务人员应以满足正常合理的资金需求作为首要任务，认真分析生产经营状况，采用一定的方法预测营运资金的需要数量，并及时筹措、安排所需要的营运资金。

(2) 提高资金使用效率。营运资金的周转是指企业的营运资金从现金投入生产经营开始到最终转化为现金的过程。提高营运资金使用效率的关键就是采取得力措施，缩短营业周期，加速变现过程，加快营运资金周转。企业应在成本效益分析的基础上千方百计地加速存货、应收账款等流动资产的周转，以使用有限的资金服务于更大的产业规模，为企业取得更优的经济效益提供条件。

（3）节约资金使用成本。在营运资金管理中，必须正确处理保证生产经营需要和节约资金使用成本两者之间的关系。要在保证生产经营需要的前提下，尽力降低资金使用成本。一方面，要挖掘资金潜力，加速资金周转，精打细算地使用资金；另一方面，积极拓展融资渠道，合理配置资源，筹措低成本资金，服务于生产经营。

（4）保持足够的短期偿债能力。偿债能力是企业财务风险高低的标志之一。合理安排流动资产与流动负债的比例关系，保持流动资产结构与流动负债结构的适配性，保证企业有足够的短期偿债能力是营运资金管理的重要原则之一。流动负债是在短期内需要偿还的债务，而流动资产则是在短期内可以转化为现金的资产，两者之间的关系能较好地反映企业的短期偿债能力。如果一个企业的流动资产比较多，流动负债比较少，说明企业的短期偿债能力较强；反之，则说明短期偿债能力较弱。但如果企业的流动资产太多，流动负债太少，也不是正常现象，可能是企业流动资产闲置或流动负债利用不足而导致的。

企业需要遵循上述营运资金管理原则，评估营运资金管理中的风险和收益，制定流动资产投资策略和融资策略，对企业该拥有多少流动资产以及如何获取流动资产融资进行决策。实践中，投资与融资决策往往同时开展并且相互影响。

二、现金管理

现金有广义和狭义之分：广义现金是指货币形态表现的资金，包括库存现金、银行存款和其他货币资金；狭义现金是指企业的库存现金，这里所讲的现金是指广义的现金。

现金是流动资产中流动性最强的资产，拥有较多的现金，企业就具有较强的偿债能力和抗风险能力。但现金的收益性最弱，即使是银行存款，其利率也是很低的，因此现金的持有量不是越多越好。企业现金管理的目标是要在现金的流动性和收益性之间进行权衡，在确保必要的资产流动性的同时，降低现金持有量，提高现金的使用效率。

（一）持有现金的动机

1. 交易动机

交易动机又称支付动机，是指企业为满足正常生产经营活动中的各种支付需要而持有的现金，包括为购买原材料、支付工资、上缴税收等日常支出而持有的现金，这是企业持有现金的主要动机。企业日常生产经营发生很多支出和收入，这些支出和收入很少同时等额发生，因此，企业保留适当的现金余额是完全必要的，以避免企业的现金收支不平衡时中断正常的生产经营活动。

2. 预防动机

预防动机是指企业为应付突发事件需要保持一定数量的现金。这种突发事件包括自然灾害、生产事故、未能及时收回货款等。预防性现金量的多少主要取决于三个方面：①企业现金流量预测的可靠性。②企业临时举债能力的强弱。③企业愿意承担现金短缺风险的程度。一般而言，现金流量预测的可靠性较高，临时举债能力较强，愿意承担现金短缺风险的程度较高的企业，其预防动机的现金持有量较低。

3. 投机动机

投机动机是指为抓住突然出现的获利机会而持有的现金。如抓住市场廉价供给原材料或其他资产的机会，或抓住机会以较低价格购进预计上涨的有价证券等。这种获利机会通常一闪即逝，如果企业没有用于投机的现金，就会错过这种机会。通常，投机动机不是生产型企业的主要现金持有动机。

企业的现金持有量一般小于三种动机下的现金持有量之和，因为三种动机的现金持有量可以在一定程度上调剂使用。

（二）目标现金持有量的确定

1. 现金周转期模式

现金周转期模式是利用现金周转期求得最佳现金持有量。现金周转期是指从现金投入生产经营开始到最终转化为现金为止所经历的时间。它大致包括三个部分：①存货周转期，即将原材料转化为产成品并出售所需要的时间。②应收账款周转期，也叫收现期，即从产品销售形成应收账款到收回现金所需要的时间。③应付账款周转期，即从收到尚未付款的原材料开始到实际支付价款时所用的时间。

现金周转期模式确定最佳现金持有量的步骤如下：

（1）计算现金周转期。其计算公式为：

$$现金周转期=平均存货周转期+平均应收账款周转期-平均应付账款周转期$$

$$（5-1）$$

（2）计算现金周转率。现金周转率是指一定时期内现金的周转次数。若计算某一年的现金周转率。其计算公式如下：

$$现金周转率 = \frac{360}{现金周转期}$$

$$（5-2）$$

（3）计算最佳现金持有量。某一年的最佳现金持有量就等于该年预计现金总需要量除以现金周转率。其计算公式如下：

$$某年最佳现金持有量 = \frac{该年预计现金总需要量}{现金周转率}$$

$$（5-3）$$

2. 成本分析模式

成本分析模式需考虑持有现金所发生的机会成本、管理成本和短缺成本。

（1）机会成本。持有现金的机会成本是指因为持有一定量现金所丧失的再投资收益，即因为持有现金不能将其用于有价证券投资而产生的机会成本，在数额上通常视同持有现金的资金成本。例如，假设一个企业的资本成本为10%，年均持有现金100万元，则该企业每年持有现金的机会成本为10万元（100×10%）。在资本成本率既定的条件下，持有现金的机会成本与现金持有量成正比，是一种变动成本。

（2）管理成本。持有现金的管理成本是指企业因为持有一定量的现金而发生的管理费用，比如现金管理人员的工资、现金安全保护措施所发生的费用等。通常认为在一定的持有量范围内，持有现金的管理成本不会随持有量的变化而变化，是一种固定成本。

（3）短缺成本。持有现金的短缺成本是指企业因为现金持有量不足且又无法及时通过有价证券变现加以补充而给企业造成的损失。比如由于现金短缺而无法购进急需的原材料，使企业的生产经营中断而给企业造成的损失，再如由于现金短缺而无法按时支付货款而造成的信用损失。持有现金的短缺成本与现金持有量之间呈负相关关系，其发生额随现金持有量的增加而下降，随现金持有量的减少而上升。

在成本分析模式下，最佳现金持有量是能使机会成本、管理成本和短缺成本的总和达到最小的持有量。其中，管理成本在现金持有量发生变动时保持不变，机会成本随持有量正相关变动，短缺成本随持有量负相关变动，三者总和即总成本达到最低时，所对应的现金持有量为最佳持有量。

3. 存货模式

存货模式借鉴存货经济订货批量模型来确定最佳现金持有量。和成本分析模式类似，存货模式确定最佳现金持有量，也要使相关总成本达到最低，但两者考虑的相关成本的内容不同。存货模式认为持有现金的管理成本因为比较稳定，与持有量关系不大，是固定成本，因此可以视为决策的无关成本而不需要考虑。此外，由于现金是否会发生短缺、短缺多少、概率多大以及各种短缺情形发生时可能的损失如何，都存在很大的不确定性并且计量困难，所以存货模式不考虑短缺成本。

存货模式下只考虑机会成本和转换成本。其中转换成本是指企业用现金购入有价证券以及用有价证券换取现金时付出的交易费用，即现金同有价证券之间相互转换的成本，如买卖佣金、手续费、证券过户费、印花税等。转换成本可以分为以下两类：

（1）与委托转换的金额相关的费用，如买卖佣金、印花税等，这部分转换成本从某个预算期间（如一年）来看是固定不变的，是一种固定成本，因为委托转换的总额是可预计的、视为常数的预算期现金总需要量。

（2）与委托金额无关而与转换次数有关的费用，如委托手续费、过户费等，这部分转换成本每次发生额固定不变，但整个预算期内的发生总额与预算期内的转换次数成正比，所以是一种变动成本。由于固定转换成本固定不变，与决策无关，所以存货模式下考虑的转换成本是相关的变动转换成本。在预计现金总需要量不变的条件下，现金持有量越高，每次委托转换的金额越大，预算期内转换的次数就越少，变动转换成本就越低。

存货模式确定最佳现金持有量时有四个基本假设：①企业所需现金可确保在需要时通过有价证券变现取得。②企业预算期内的现金总需要量可以预计。③现金支出过程均衡、稳定。④有价证券的投资报酬率以及每次转换发生的固定交易费用稳定、可知。

4. 随机模式

随机模式认为公司现金流量存在不确定性，在确定公司目标现金持有量时，必须充分考虑这种不确定性。该模式假定公司每日现金流量的分布接近于正态分布，每日现金流量可能高于也可能低于期望值，其变化是随机的。由于现金流量波动是随机的，只能对现金持有量确定一个控制区域，定出上限和下限。当企业现金余额在上下限之间波动时，表明企业的现金持有量处于合理水平，不需要在现金和有价证券之间进行转换调整。当企业现金余额达到上限时，则将部分现金用于购买有价证券，使现金持有量下降；当现金余额达到下限时，则变卖部分有价证券，使现金持有量回升。

（三）现金收支管理工作要点

现金收支管理的目的在于提高现金使用效率，为达到这一目的，应做好以下四个方面的工作：

（1）尽量做到现金流量同步。如果企业能做到现金流量同步，使企业的现金流入与现金流出在数量上和时间上趋于一致，就可以使其所持有的交易性动机的现金余额降低到最低水平。

（2）合理使用现金浮游量。现金的浮游量是指企业账户上的现金余额与银行账户上所示的企业存款余额之间的差额。从企业开出支票，收款人收到支票存入银行，至银行将款项划出企业账户，支票金额对应的现金在这段时间里的占用即为现金浮游量。现金浮游量是企业已付、银行未付的款项，尽管企业已经开出了支票，但仍可在活期存款账户上动用这笔资金。需要注意的是，企业利用现金浮游量必须控制好时间，以免发生透支现象。

（3）加速收款。加速收款主要是指缩短应收账款周转期。发生应收账款会增加企业资金的占用，但它又是必要的，因为它可以扩大销售规模，增加销售收入。关键是要做到一方面利用应收账款来吸引客户，另一方面还要想办法缩短收款时间。为此，企业需要权衡确定合理的收账政策。此外，企业想办法尽量缩短从客户开出支票到将支票送交银行办理结算的时间也能起到加速收款的作用。

（4）推迟应付款项的支付。推迟应付款项的支付是指企业在不影响自身信誉的条件下，充分利用供货方提供的信用优惠，尽可能地推迟应付款的支付期。如果急需现金，企业甚至可以放弃供货方的现金折扣优惠，在信用期的最后一天支付款项。当然，放弃现金折扣的成本是很高的，需要权衡利弊得失定夺。

三、应收账款管理

（一）应收账款管理的目标

应收账款从其产生来看主要有两个原因：①适应商业竞争的需要。在竞争机制的作用下，迫使企业以各种手段扩大销售。除了依靠产品质量、价格、售后服务、广告等之外，企业实施赊销策略也是扩大销售的手段之一。企业适应竞争的需要采用赊销方式而形成的应收账款是一种商业信用，是应收账款发生的主要原因。②企业销售和收款上的时间差。就一般批发和大量生产的企业而言，发货的时间和收到货款的时间往往不同，作为销售方的企业承担由此产生的资金垫支，形成应收账款。由于销售和收款上的时间差造成的应收账款不属于商业信用，也不是应收账款管理的主要对象。

应收账款具有两面性：一方面，企业通过提供商业信用，采取赊销、分期付款等销售方式，可以扩大销售收入，降低存货，增加利润；另一方面，较高的应收账款会导致较高的相关成本发生。同时较高的应收账款，导致较高的资金占用，从而会影响企业资金的流动性和资金的利用效率。

因此，应收账款的管理目标在于：在通过应收账款管理扩大销售收入、提高竞争能力的同时，尽可能地控制应收账款相关成本，并提高应收账款的流动性。

（二）应收账款的成本管理

1. 机会成本

应收账款的机会成本是指因资金投放在应收账款上而丧失的其他投资收益。应收账款会占用企业一定量的资金，而企业如果不把这部分资金投放于应收账款，便可以用于其他投资并可能获得收益，例如可以投资债券获得利息收入。应收账款的机会成本并不是实际发生的成本。应收账款的机会成本可按以下公式计算：

$$应收账款机会成本 = 维持赊销业务所需要的资金 \times 资本成本 \tag{5-4}$$

维持赊销业务所需要的资金计算公式为：

$$维持赊销业务所需要的资金 = 应收账款平均余额 \times 变动成本率 \tag{5-5}$$

其中：

$$应收账款平均余额 = \frac{年赊销额}{360} \times 平均收现期 \tag{5-6}$$

2. 管理成本

应收账款的管理成本是指企业为管理应收账款而发生的开支，是从应收账款发生到收回期间所有与应收账款管理系统运行有关的费用。主要包括调查客户信用状况的费用、收集信用信息的费用、应收账款簿记费用、收账费用和相关管理人员成本。当应收账款的规模属于某个特定范围时，其管理成本一般比较稳定，可视为固定成本。当应收账款的规模脱离某个特定范围后，其管理成本将跳跃到一个新的水平，再继续保持一种固定成本的属性。

3. 坏账成本

应收账款的坏账成本是指由于应收账款因故不能收回而给企业带来的损失。坏账成本的高低与客户的信用状况有直接关系，且与企业的管理水平相关。企业管理水平越高，对客户信用状况的调查越全面、仔细，对客户的监督和催讨越有力，则坏账损失发生额就越低。坏账成本的测算一般是通过坏账损失率与赊销收入相乘得到。即：

$$坏账成本 = 年赊销额 \times 坏账损失率 \tag{5-7}$$

（三）应收账款的日常管理

应收账款管理难度较大，需要在平时做好客户信用调查、客户信用评估、应收账款的追踪及应收账款的保理等工作。

1. 客户信用调查

信用调查指收集和整理反映客户信用状况的有关资料的工作，它是正确评价客户信用的前提条件，是企业应收账款日常的基础。客户信用调查一般有以下途径：

（1）直接调查。直接调查是指调查人员通过与被调查单位进行直接接触，通过当面采访、询问、观看等方式获取信用资料的方法。直接调查有利于企业快速、直接地获取所需要的信息，但直接调查获得的资料基本上是感性的资料，而且被调查单位有可能抵触调查或隐瞒对自己不利的信息。

（2）间接调查。间接调查是以被调查单位及其他单位保存的有关原始记录和核算资料为基础，通过加工整理获得被调查单位信用资料的一种方法。这些资料主要来自以下方面：

第一，财务报表。通过财务报表分析，可以基本掌握一个企业的财务状况和信用状况。

第二，信用评估机构。因为评估方法先进，评估调查细致，评估程序合理，所以专门的信用评估部门可信度较高。在我国，目前的信用评估机构有三种形式：①独立的社会评级机构，它们根据自身的业务需要吸收有关专家参加，不受行政干预和集团利益的牵制，独立自主地开办信用评估业务。②政策性银行、政策性保险公司负责组织的评估机构，一般由政策性银行、政策性保险公司的有关人员和各部门专家进行评估。③由商业银行、商业性保险公司组织的评估机构，由商业性银行、商业性保险公司组织专家对其客户进行评估。

第三，银行。银行是信用资料的一个重要来源，许多银行都设有信用部，为其顾客服务，并负责对其顾客信用状况进行记录、评估。但银行的资料一般仅愿意在内部及同行间进行交流，而不愿向其他单位提供。

第四，其他途径。如财税部门、工商管理部门、消费者协会等机构都可能提供相关的信用状况资料。

2. 客户信用评估

收集好客户信用资料以后，就需要对这些资料进行分析、评价。企业一般采用"5C"系统来评价，并对客户信用进行等级划分。在信用等级方面，目前主要有两种：一种是三类九等，即将企业的信用状况分为 A、B、C 三类，以及 AAA、AA、A、BBB、BB、B、CCC、CC、C 九等，其中 AAA 为信用最优等级，C 为信用最低等级。另一种是三级制，即分为 AAA、AA、A 三个信用等级。

3. 应收账款的追踪

为了按期足额收回应收账款，企业有必要对该应收账款进行追踪分析。

（1）应收账款账龄分析。是指企业在某一时刻，将所发生在外各笔应收账款按照开票日期进行归类，计算出不同账龄的应收账款占总额的比重。

（2）应收账款收现保证率分析。应收账款收现保证率是为了适应企业现金收支匹配关系的需要，确定出的有效收现的账款应占全部应收账款的百分比，是二者应当保持的最低比例。其计算公式为：

$$\frac{某期应收账款}{收现保证率} = \frac{当期必要现金支付总额 - 当期其他稳定可靠的现金流入总额}{当期应收账款总额}$$

$$(5-8)$$

应收账款收现保证率指标反映了企业既定会计期间预期现金支付总额扣除各种可靠、稳定的现金来源后，必须通过应收账款有效收现予以弥补的最低保证程度，是企业控制应收账款收现水平的基本依据。

4. 应收账款的保理

保理又称托收保付，是指卖方（供应商或出口商）与保理商间存在的一种契约关系。根据契约，卖方将其现在或将来的基于其与买方（债务人）订立的货物销售（服务）合同所产生的应收账款转让给保理商，由保理商提供下列服务中的至少两项：贸易融资、销售账户管理、应收账款的催收、信用风险控制与坏账担保。可见，保理是一项综合性的金融服务方式，其同单纯的融资或收账管理有较大区别。

应收账款保理是企业将赊销形成的未到期应收账款，在满足一定条件的情况下转让给保理商，以获得流动资金，加快资金的周转。保理可以分为有追索权保理（非买断型）和无追索权保理（买断型）、明保理和暗保理、折扣保理和到期保理。

有追索权保理是指供应商将债权转让给保理商，供应商向保理商融通货币资金后，如果购货商拒绝付款或无力付款，保理商有权向供应商要求偿还预付的货币资金，如购货商破产或无力支付，只要有关款项到期未能收回，保理商都有权向供应商进行追索，因而保理商具有全部"追索权"，这种保理方式在我国采用较多。无追索权保理是指保理商将销售合同完全买断，并承担全部的收款风险。

明保理是指保理商和供应商需要将销售合同被转让的情况通知购货商，并签订保理商、供应商、购货商之间的三方合同。暗保理是指供应商为了避免让客户知道自己因流动资金不足而转让应收账款，并不将债权转让情况通知客户。

折扣保理又称为融资保理，即在销售合同到期前，保理商将剩余未收款部分先预付给销售商，一般不超过全部合同额的 70%~90%。到期保理是指保理商并不提供预付账款融资，而是在赊销到期时才支付，届时不管货款是否收到，保理商都必须向销售商支付货款。

应收账款保理对于企业而言，其财务管理作用主要体现在四个方面：①融资功能。应收账款保理，其实质是利用未到期应收账款这种流动资产作为抵押进行融资。对于规模小、销售业务少的企业来说，利用保理业务进行融资是一种较便利的选择。②减轻应收账款的管理负担。面对市场的激烈竞争，企业可以选择把应收账款转让给专门的保理商进行管理，使企业从应收账款的管理之中解脱出来。③减少坏账损失、降低经营风险。企业可以利用买断型保理，将全部的收款风险转由保理商承担，有效地减少坏账损失。④增强销售能力。由于企业有能力利用应收账款保理融资，企业会对采购商的付款期限作出较大让步，从而大大增加了销售合同成功签订的可能性，拓宽了企业的销售渠道。

四、存货管理

存货是指企业在生产经营过程中为生产或销售而储备的物质，包括原材料、在产品、半成品、产成品等。存货是联结产品的生产和销售的重要环节，存货控制或管理效率的高低，直接反映并决定着企业收益、风险、流动性的综合水平，而且对大多数企业来说，存货在营运资金中往往占有较大的比重。因此，存货管理是企业财务管理的一项重要内容。

（一）存货的功能表现

存货的功能是指存货在生产经营过程中的作用，具体表现在以下四个方面：

（1）保证生产经营活动正常开展。生产过程中所需要的原材料，是生产中必需的物质资料。企业为了保证生产顺利进行，需要适当储备一些生产所需的原材料这样的存货，从而能有效防止停工待料事件的发生，维持生产的连续性。

（2）适应市场需求变化。由于市场的需求处于变化之中，一旦市场需求下降，会导致企业的库存积压，而市场需求上升，则会导致存货不足，企业白白丧失获利的机会。适当储备存货能增强企业在生产和销售方面的机动性以及适应市场变化的能力。

（3）便于均衡组织生产。对于企业所生产的季节性产品，其生产所需的材料往往具有季节性，供应量和价格在不同季节波动很大。因此，企业为了实现均衡生产，降低生产成本，就必须适当储备一定的原材料存货。

（4）可以降低进货成本。很多企业为扩大销售规模而提供商业折扣，即客户购货达到一定数量时，企业便在价格上给予其相应的折扣优惠。为了获得商业折扣，企业往往需要批量集中进货，由此增加了企业的存货。这反过来看，便是存货可以降低进货成本。

此外，在采购总量不变的前提下，增加每次购货数量会减少购货次数，可以降低采购费用支出，同时带来存货的增加，这也体现出存货可以降低进货成本的功能。

（二）存货管理的目标

企业持有充足的存货，不仅有利于生产过程的顺利进行，节约采购费用与生产时间，而且能够适应市场变化迅速满足客户的各种订货要求，从而为企业的生产和销售提供较大的机动性，避免因为存货不足带来的机会损失。但存货的增加必然要占用更多的资金，这会使企业付出更大的持有成本或机会成本，而且存货的储存成本也会增加，影响企业获利能力的提高。因此，存货管理需要权衡存货所带来的收益和增加的成本，其目标是要在充分发挥存货功能的基础上，合理控制存货水平，提高资金流动性，降低存货成本。

（三）存货的日常管理

存货日常管理是营运资金管理的一个重要方面，搞好存货日常管理，对于改善企业生产经营活动，提高流动资金的利用效果具有重要意义。

1. ABC 管理

ABC 管理法又称重点管理法。它是根据一定的标准对事物进行分类，分清重点和一般，区别对待实施管理的一种管理方法。其基本原理可概括为"区别主次，分类管理"。存货 ABC 管理是将企业各种存货按重要性程度分为 A、B、C 三类，分别实行按品种重点管理、按类别一般控制和按总额灵活掌握。

进行存货分类的标准有两个：一是金额标准，二是数量标准。其中金额标准是主要的，数量标准只作为参考。A 类存货的特点是金额大，品种数量少；B 类存货的特点是金额和数量水平一般；C 类存货的特点是金额小，但品种数量繁多。一般而言，三类存货的金额比重大致为 A：B：C = 7：2：1；品种数量比重大致为 A：B：C = 1：2：7。

对 A 类存货，企业应按每一个品种进行管理，严格控制，经常检查库存，认真确定其消耗定额、经济订货量等指标。对 C 类存货，企业可以采用简化的控制方式进行管理，一般只要把握一个总金额就可以了。对 B 类存货的控制介于 A 类存货和 C 类存货之间，企业可以通过划分类别的方式进行管理。

2. 零库存管理

零库存管理也叫适时制库存控制或看板管理。零存货管理在 20 世纪 70 年代由日本丰田汽车公司提出并用于实践。在这种管理系统下，企业应事先和供应商协调好，让供应商将必要的原材料和零部件，以必要的数量和完美的质量，在必要的时间，送往必要的地点。并且和客户协调好，在产品完工后不在企业停留立即送往客户手中。这样，企业的存货持有水平就可以大大下降，企业的供应、生产和销售形成连续的流畅的运动过程。显然，实施零库存管理需要稳定、标准的生产程序以及诚信的供应商，否则极易导致企业生产的停顿。目前，已经有越来越多的企业采用零库存管理减少甚至消除对存货的需求。零库存管理的思想被进一步发展应用于整个生产经营过程——集开发、生产、库存和分销于一体，大大提高了企业运营管理效率。

第二节　收益分配及股利政策

　　企业从事经营活动，会产生利润，它是企业在一定会计期间的经营成果。利润应当按国家财务制度规定在相关各方，如国家、投资者及企业间进行合理有效的分配。这不仅关系到所有者的合法权益是否得到保护，还关系到企业的长期、稳定发展。企业的收益分配有广义和狭义两种：广义的收益分配，是指对企业的收入和收益总额进行分配；狭义的收益分配，是指仅对企业的净收益进行分配。以下是从狭义的角度来阐述收益分配的。

一、收益分配的基本原则

　　在企业利润分配过程中，要正确处理好国家、企业、个人三者间的利益关系，企业在利润分配过程中须遵循下列基本原则：

　　（1）依法分配原则。为了规范企业的收益分配行为，维护各利益相关者的合法权益，国家颁布了相关法规，企业的收益分配必须依法进行，保障有关各方的合法权益。

　　（2）兼顾各方利益原则。企业是经济社会的基本单元，企业的收益分配涉及国家、企业股东、债权人、职工等多方面的利益，因此企业的收益分配必须兼顾各方面的合法权益：①企业必须按照国家法律的规定缴纳各项税金，履行社会责任。②投资者作为企业的所有者，依法享有净收益的分配权。③企业的债权人在将资金借给企业时承担了一定的风险，并损失了这部分资金的机会成本，因此，企业在进行收益分配时，需要充分保护债权人的利益。④企业的内部员工是企业收益的直接创造者，企业进行收益分配时，必须充分考虑员工的利益。

　　（3）投资与收益对等原则。企业进行收益分配应当体现"谁投资谁受益"、收益大小与投资比例相对等的原则。只有这样，才能从根本上实现收益分配中的公开、公平和公正，保护投资者的利益不受侵害，提高投资者的投资热情。

　　（4）正确处理分配与积累关系的原则。企业通过经营活动赚取收益，既要保证企业简单再生产的持续进行，又要不断积累企业扩大再生产的财力基础。恰当处理分配与积累之间的关系，留存一部分净收益以供未来分配之需，能够增强企业抵抗风险的能力，同时也可以提高企业经营的稳定性与安全性。因此，企业在进行收益分配时，应正确处理分配与积累的关系，坚持分配与积累并重的原则。

（5）资本保全的原则。企业的收益分配是对投资者投入资本的增值部分进行分配，而不是投资者资本金的返还，因此，企业收益分配必须以资本保全为前提。为充分保护投资者的利益，企业必须在按照国家有关规定，缴纳了所得税、弥补了亏损、提取公积金之后仍有可供分配的留存收益时才能进行收益的分配。

二、股利政策的影响及类型

股利政策，是指股份有限公司对股利分配有关事项所作出的方针与政策。

（一）股利政策的影响因素

1. 法律因素

为保护债权人和股东的利益，国家有关法规对利润分配有严格的法规限制，具体体现为以下方面：

（1）资本保全约束。资本保全约束规定企业发放的股利或投资分红不能来源于资本（包括实收资本或股本和资本公积），而只能来源于企业当期利润或留存收益。其目的在于维持企业资本的完整性，保护企业完整的产权基础，保障债权人的权益。

（2）资本积累约束。资本积累约束规定企业在分配收益时，必须按一定的比例和基数提取各种公积金。另外，它要求在进行股利分配时，一般应当贯彻"无利不分"的原则，即当企业出现年度亏损时，一般不得分配利润。

（3）偿债能力约束。偿债能力是指企业按时足额偿付各种到期债务的能力。偿债能力约束规定企业必须有充分的偿债能力才能发放现金股利。如果企业已经无力偿付到期债务，或因支付现金股利将使其失去偿债能力，则企业不能发放现金股利。

（4）超额累积利润约束。由于股东接收现金股利缴纳的所得税率高于其进行股票交易的资本利得税，因此，许多企业通过积累利润使得股价上涨的方式来帮助其股东避税。许多国家规定企业不得超额累积利润，如果企业为了避税而使得盈余的保留大大超过了企业目前及未来的投资需求时，将被加征额外的税款。

2. 股东因素

股东出于自身考虑，可能对企业的收益分配提出不同意见，具体如下：

（1）控制权的考虑。企业的股利支付率越高，必然保留盈余减少，这又意味着将来发行新股的可能性加大，而发行新股会稀释企业的控制权。因此企业的老股东往往主张限制股利的支付，以防止控制权稀释。

（2）避税考虑。由于投资者接受股利交纳的所得税要高于进行股票交易的资本利得所缴纳的税金，因而企业的一些高收入股东往往要求限制股利的支付，而较多地保留盈余，以便从股价上涨中获利。

（3）稳定收入考虑。一些小股东靠定期的股利维持生活，他们要求企业支付稳定的股利，反对企业留存较多的利润。

（4）规避风险考虑。在某些股东看来，目前所得股利是确定的，即便是现在较少的股利，也强于未来存在较大风险的资本利得，因此，这些股东希望企业派发较多的现金股利。

3. 企业因素

企业出于长期发展与短期经营考虑，需要综合考虑以下因素：

（1）企业偿债能力。如果一个企业的举债能力强，能够及时从资金市场中筹到资金，则有可能多地分派股利，而对于一个举债能力较弱的企业来讲，往往分配较少的股利。

（2）未来投资机会。有良好投资机会的企业往往将实现的盈余用于投资，而减少用于分配的收益金额；反之，如果企业缺乏良好的投资机会，往往会加大分红数额。

（3）盈余稳定状况。一般来讲，一个企业盈利越稳定，则其股利支付水平越高。这是因为盈余相对稳定的企业对未来取得盈余的可能性预期良好，因而可能比盈余不稳定的企业支付更高的股利；而盈余不稳定的企业由于对未来盈余的把握小，不敢贸然采取多分政策，而较多地采取低股利支付率政策。

（4）资产流动状况。企业分派较多的现金股利，会使大量的现金流出，降低资产的流动性。因而，如果企业的资产流动性较差，企业为了保持一定的流动性和变现能力就不宜支付较多的现金股利。

（5）筹资成本。一般而言，将税后收益用于再投资，有利于降低筹资的外在成本。因而，很多企业在考虑投资分红时，首先将企业的净利润作为筹资的第一选择渠道。从这个方面来考虑，企业应当支付较低的股利。

（6）其他因素。比如，企业有意地多发股利，刺激企业的股价上涨，从而达到兼并、反收购的目的等。再如，发行可转换债券的企业，多发股利导致股价上升，这可以促使投资者尽早地行使转换权，从而达到调整资本结构的目的等。

4. 其他因素

（1）债务合同约束。企业的债权人为了保护自身利益，往往在债务合同中约定支付股利的程度。通常包括：未来的股利只能以签订合同之后的收益来发放，而不能以过去的留存收益来发放；营运资金低于特定金额时不能发放股利；利润的一部分要以偿债基金的形式留存下来；利息保障倍数低于一定水平时不得支付股利。

（2）通货膨胀因素。由于通货膨胀的存在，在固定资产实物更新的时候，有时计提的累计折旧不足以对固定资产进行更新。因此在通货膨胀时期，企业一般采取偏紧的利润分配政策，以便留用一定的利润，弥补由于货币购买力水平下降而造成的固定资产重置资金缺口。

（二）股利政策的类型划分

股利政策的关键问题是确定分配和留存的比例。常见的股利政策包括：剩余股利政策、固定或持续增长的股利政策、固定股利支付率政策及低正常股利加额外股利政策。

1. 剩余股利政策

剩余股利政策，是指企业生产经营所获得的净收益首先应满足企业的资金需求，如果还有剩余，则派发股利；如果没有剩余，则不派发股利。剩余股利政策的决策步骤如下：

（1）根据企业的投资计划确定企业的最佳资本预算。

（2）根据企业的目标资本结构及最佳资本预算预计企业资金需求中所需要的

权益资本的数额。

（3）尽可能用留存收益来满足资金需求中所需增加的股东权益数额。

（4）留存收益在满足企业股东权益增加需求后，如果有剩余再用来发放股利。

剩余股利政策的优点：留存收益优先保证再投资的需要，从而有助于降低再投资的资金成本，保持最佳的资本结构，实现企业价值的长期最大化。

剩余股利政策的缺点：如果完全遵照执行剩余股利政策，股利发放额就会每年随投资机会和盈利水平的波动而波动。即使在盈利水平不变的情况下，股利也将与投资机会的多寡呈反方向变动，投资机会越多，股利越少；反之，投资机会越少，股利发放越多。而在投资机会维持不变的情况下，则股利发放额将因企业每年盈利的波动而同方向波动。剩余股利政策不利于投资者安排收入与支出，也不利于企业树立良好的形象。

剩余股利政策一般适用于企业初创阶段。

2. 固定或持续增长的股利政策

固定或持续增长股利政策，是指每年发放的股利在一个固定的水平上并在较长的时期内不变，只有当企业认为未来盈余将会显著地、不可逆转地增长时，才提高年度的股利发放额。实行固定或持续增长的股利政策的主要目的是避免出现由于经营不善而造成股利减少的情况。

（1）固定或持续增长股利政策的优点。

第一，稳定的股利向市场传递着企业正常发展的信息，有利于树立企业良好的形象，增强投资者信心，稳定股票价格。

第二，稳定的股利有利于投资者安排股利收入和支出，特别是对那些对股利有着较强依赖性的股东更是如此。

第三，考虑到企业股票价格的变化受多种因素的影响，其中包括投资者的心理预期和其他要求，因此若企业有一个稳定的股息成长率，则投资者在评估股票价值时会确知增长率，降低投资者的风险，使股票价格稳定甚至得以提高。

（2）固定或持续增长股利政策的缺点。

第一，股利的支付与盈余的多少相脱节，无法体现"多盈多分，少盈少分，无盈不分"的原则。

第二，如果在企业盈余较低的情况下实施，可能会导致资金短缺和企业财务状况恶化，影响企业的后续发展，甚至会影响企业正常的生产经营活动。

第三，不能像剩余股利政策那样保持较低的资本成本。

采用该股利政策要求企业对未来的支付能力做出较好的判断。一般来说，企业确定的稳定股利额不应太高，要留有余地，以免形成企业无力支付的困境。

该股利政策一般适用于经营比较稳定或正处于成长期的企业，但很难被长期采用。

3. 固定股利支付率政策

固定股利支付率政策，是指企业先确定一个股利占净利润（企业盈余）的比率，然后每年都按此比率从净利润中向股东发放股利，每年发放的股利额都等于净利润乘以固定的股利支付率。这样，净利润多的年份，股东领取的股利就多；净利润少的年份，股东领取的股利就少。换言之，采用此政策发放股利时，股东每年领取的股利额是变动的，其多少主要取决于企业每年净利润的多少及事先确定的股利支付率的高低。

（1）固定股利支付率政策的优点。

第一，能使股东获取的股利与企业实现的盈余紧密联系，以真正体现"多盈多分，少盈少分，无盈不分"的原则。

第二，该股利政策将员工个人的利益与企业的利益捆在一起，从而充分调动了广大员工的积极性。

第三，采取此政策向股东发放股利时，实现净利润多的年份向股东发放的股利多，实现净利润少的年份向股东发放的股利少，所以不会给企业带来固定的财务负担，是一种稳定的股利政策。

（2）固定股利支付率的缺点。

第一，企业财务压力较大。根据固定股利支付率政策，企业实现利润越多，派发股利也就应当越多。而企业实现利润多只能说明企业盈利状况好，并不能表明企业的财务状况就一定好。如果企业的现金流量状况不好，却要按固定比率派发股利，就会给企业带来相当大的财务压力。

第二，缺乏财务弹性。股利支付率是企业股利政策的主要内容，股利分配模式的选择、股利政策的制定是企业的财务手段和方法。在企业发展的不同阶段，企业应当根据自身的财务状况制定不同的股利政策，这样更有利于实现企业的财务目标。但在固定股利支付率政策下，企业丧失了利用股利政策的财务方法，缺乏财务弹性。

第三，确定合理的固定股利支付率难度很大。一个企业如果股利支付率确定得低了则不能满足投资者对投资收益的要求；反之，企业股利支付率确定得高了，就会使大量资金因支付股利而流出，企业又会因资金缺乏而制约其发展。可见，确定企业较优的股利支付率是具有相当难度的工作。

第四，传递的信息容易成为企业的不利因素。大多数企业每年的收益很难保持稳定不变，如果企业每年收益状况不同，固定支付率的股利政策将导致企业每年股利分配额的频繁变化。而股利通常被认为是企业未来前途的信号传递，那么波动的股利向市场传递的信息就是企业未来收益前景不明确、不可靠等，很容易给投资者带来企业经营状况不稳定、投资风险较大的不良印象。

固定股利支付率政策一般适用于稳定发展阶段且财务状况比较稳定的企业。

4. 低正常股利加额外股利政策

低正常股利加额外股利政策，是企业事先设定一个较低的正常股利额，一般情况下，企业每期都按此金额支付正常股利，当企业盈利较多、资金较为充裕的年度，则根据实际情况向股东发放高于年度正常股利的额外股利。

（1）低正常股利加额外股利政策的优点。

第一，低正常股利加额外股利政策赋予企业一定的灵活性，使企业在股利发放上留有余地和具有较大的财务弹性，同时，每年可以根据企业的具体情况选择不同的股利发放水平，以完善企业的资本结构，进而实现企业的财务目标。

第二，低正常股利加额外股利政策有助于稳定股价，增强投资者信心。由于企业每年固定派发的股利维持在一个较低的水平上，在企业盈利较少或需用较多的留存收益进行投资时，企业仍然能够按照既定承诺的股利水平派发股利，使投资者保持一个固有的收益保障，这有助于维持企业股票的现有价格。而当企业盈利状况较好且有剩余现金时，就可以在正常股利的基础上再派发额外股利，而额外股利信息的传递则有助于企业股票的股价上扬，增强投资者信心。

低正常股利加额外股利政策，既吸收了固定股利政策对股东投资收益的保障优点，同时又摒弃其对企业所造成的财务压力方面的不足，所以在资本市场上颇受投资者和企业的欢迎。

（2）低正常股利加额外股利政策的缺点。

第一，由于年份之间企业的盈利波动使得额外股利不断变化，或时有时无，造成分派的股利不同，容易给投资者以企业收益不稳定的感觉。

第二，当企业在较长时期持续发放额外股利后，可能会被股东误认为是"正常股利"，而一旦取消了这部分额外股利，传递出去的信号可能会使股东认为这是企业财务状况恶化的表现，进而可能引起企业股价下跌的不良后果。

低正常股利加额外股利政策主要适用于经营状况和利润不稳定的企业，以及盈利水平随着经济周期而波动较大的企业或行业。

第三节　利润分配的程序与方案

一、利润分配的程序

公司向投资者分配利润，应按一定的顺序进行。股份公司当年实现的利润总额依据有关规定调整后，依法缴纳企业所得税，然后按下列顺序分配：

（1）计算可供分配的利润。将本年净利润（或亏损）与年初未分配利润（或亏损）合并，计算出可供分配的利润。如果可供分配的利润为负数（即亏损），则不能进行后续分配；如果可供分配的利润为正数（即本年累计盈利），则进行后续分配。

（2）计提法定公积金。可供分配利润大于零是计提法定盈余公积金的必要条件。法定盈余公积金以净利润扣除以前年度亏损为基数，按10%提取。当企业法定盈余公积金累计达到注册资本的50%时，可不再提取。

（3）计提任意盈余公积金。任意盈余公积金是根据企业发展的需要自行提取的公积金，其提取基数与计提盈余公积金的基数相同，计提比例由股东会根据需要决定。

（4）按照分配与积累并重原则，向投资者分配利润。一般情况下，公司无利润时不得向投资者分配股利，但也可以用公积金补亏后，经股东大会特别决议，按照不超过股票面值6%的比率用公积金向股东分配股利，不过留存的法定公积金不得低于注册资本的25%。

公司股东大会或有违反上述利润分配顺序，在弥补亏损和提取法定公积金之前向股东分配利润的，必须将违反规定发放的利润退还公司。

二、股利分配方案

（一）选择股利政策的类型

企业在选择股利政策时，一般需要综合考虑企业所处的成长与发展阶段、企业支付能力的稳定情况、企业获利能力的稳定情况、企业的信用状况、企业当前的投资机会以及投资者的偏好等多方面的因素，没有标准答案，表5-1❶为公司不同发展阶段与股利政策，仅供参考。

表5-1　公司发展阶段与股利政策

公司发展阶段	特点	适用股利政策
初创期	经营风险大、融资能力差	剩余股利
高速发展期	大规模投资	低股利加额外股利
稳定增长期	收入与盈利稳定增长	固定或持续增长股利
成熟期	盈利稳定	固定股利支付率
衰退期	收入与盈利减少	剩余股利

（二）股利支付水平及程序

1. 股利支付水平

通常用股利支付率来衡量股利支付水平。股利支付率为当年发放的股利与当年的利润之比。公式如下：

$$股利支付率 = \frac{当年发放的股利}{当年利润} = \frac{每股股利}{每股收益} \tag{5-9}$$

该比率反映了公司现金股利占其利润总额的百分比。一般而言，股利支付率

---

❶　邹娅玲，肖梅峻. 财务管理 [M]. 重庆：重庆大学出版社，2021：169.

越高，对股东的吸引力越大。但是公司在确定股利支付率时，要符合本公司的实际经营状况，不能超过公司的负担能力，影响流动性。

2. 股利支付程序

股份有限公司向股东支付股利，主要经历预案公布日、股利宣布日、股权登记日、股票除息日、股利支付日5个程序。

（1）预案公布日。上市企业分派股利时，首先要由企业董事会制定分红预案，包括本次分红的数量、分红的方式，股东大会召开的时间、地点及表决方式等。

（2）股利宣布日。企业董事会将股东大会通过本年度利润分配方案的情况以及股利支付情况予以公告的日期。公告中将宣布每股支付的股利、股权登记期限、除息日、股利支付日期以及派发对象等事项。

（3）股权登记日。上市企业在送股、派息、配股或召开股东大会的时候，需要定出某一天，界定哪些主体可以参加分红、参与配股或具有投票权利，定出的这一天就是股权登记日。在股权登记日这一天仍持有或买进该企业的股票的投资者是可以享有此次分红或参与此次配股或参加此次股东大会的股东，这部分股东名册由证券登记企业统计在案，届时将所应送的红股、现金红利或者配股权划到这部分股东的账上。

（4）股票除息日。股权登记日后的第一天就是股票除息日，在除息日当天或以后购入该企业股票的股东，不再享有该企业的股利。除息日对股票的价格有明显的影响。在除息日之前进行的股票交易，股票价格中含有将要发放的股利的价值，在除息日之后进行的股票交易，股票价格中不再包含股利收入，因此，其价格应低于除息日之前的交易价格。

（5）股利支付日。即企业向股东发放股利的日期。

（三）股利支付方式与日期

1. 股利支付方式

（1）现金股利。现金股利就是以现金支付的股利，即企业将应分配给投资者的股利直接用现金支付。它是股利支付的主要方式。

（2）股票股利。股票股利是公司以增发的股票作为股利的支付方式。股票股利并不直接增加股东的财富，不会导致公司资产的流出或负债的增加，因而不是公司资金的使用，同时也并不因此增加公司的财产，但会引起所有者权益各项目的结构发生变化。

（3）财产股利。财产股利是以现金以外的资产支付给股东的股利，主要是以公司所拥有的其他企业的有价证券作为股利支付给股东。

（4）负债股利。负债股利是公司以负债支付的股利，通常以公司的应付票据支付给股东，不得已的情况下也有发行公司债券抵付股利的。财产股利和负债股利实际上是现金股利的替代。

2. 股利发放日期

股份有限公司向股东发放股利，前后也有一定过程，主要经历：股利宣告日、股权登记日、除息日和股利发放日。

（1）股利宣告日。股利宣告日是指董事会将股东大会决议通过的分红方案（或发放股利情况）予以公告的日期。在公告中将宣布每股股利、股权登记日、除息日和股利发放日等事项。

（2）股权登记日。股权登记日是指有权领取股利的股东资格登记截止日期。只有在股权登记日前在公司股东名册上登记的股东，才有权分享当期股利。在股权登记日以后列入名单的股东无权领取股利。

（3）除息日。除息日是指领取股利的权利与股票相互分离的日期。在除息日前，股利权从属于股票，持有股票者即享有领取股利的权利；除息日开始，股利权与股票相分离，新购入股票的人不能享有权利。在我国，由于采用次日交割方式，除息日与股权登记日是差一个工作日的。

（4）股利发放日。股利发放日即向股东发放股利的日期。

第六章 多视角下财务管理的创新思路

第一节　研究开发的经济性质与财务管理创新

随着科学技术的发展以及知识产权保护制度的建立与完善，技术作为独立的生产要素，在物质生产和价值创造中发挥着关键性作用，而研究开发（简称"研发"）是获取技术的重要路径。正确认识研发的经济性质，增强研发投入意识，加大研发投入力度，通过战略、项目、财务管理一体化方式提升研发支出管理水平，是提升企业在国际分工与产业链中话语权、增强企业竞争实力的重要路径。

一、研发支出的类别及经济性质

研发是支撑企业产品与服务竞争力、保障企业持续发展的重要技术源泉。"企业在研究开发过程中，研发支出最终成果多样化，很多情况下，研发过程除了满足资本化条件支出外，还有可能形成部分生产原料、某种存货甚至是固定资产等。"❶ 研发涉及研究和开发两个方面，两者担当的角色有着显著的差别。研究是人们为获取知识、增进知识以及利用知识去发明新技术而进行的系统的创造性工作，研究的结果是产生新的科学认知或颠覆性技术发明，从而实现技术跨越、技术替代，为企业赢得更广阔的生存空间；开发是以现有科学技术的供给为基础，以产品的市场需求为前提，将技术运用于产品设计或生产工艺，以提高产品质量、改善产品性能或降低产品生产成本。

企业颠覆性创新推动技术范式革命的能力取决于持续性研究投入所形成的知

---

❶ 黄福. 研发支出的归集与分配 [J]. 商业会计，2014 (2)：56.

识积累和已完成颠覆性技术发明所形成的技术积累。企业对利润的追求决定了研究的目的在于开发，通过技术来提高生产率，进而获取和延续持续性的竞争力，实现赢利能力的提升。从表面看，研究并未直接创造价值，但研究所形成的高层次技术平台能够转化为技术开发能力，帮助企业走出生产率困境，提升企业竞争实力。如果没有研究所获取的"隐性"知识，技术开发的"显性"成果就会成为无源之水。尽管基于某项技术的开发能将现有技术的价值发挥到极限，但如果长期没有科学研究作为后盾，企业将丧失技术优势。

随着某项科学知识或技术通过开发过程而被充分运用，技术进入高度成熟期，技术开发的潜力和空间将日益缩小，产品或服务的增量效用将快速下降，技术开发对生产率的提升和推动作用将逐渐减弱。企业生产率的提高与竞争实力的增强，既需要在既定技术范式下持续不断地进行技术开发，充分挖掘现有技术应用潜力，也需要通过科学研究推动颠覆性技术范式革命，为技术开发提供更高层次的知识和技术平台。

研发过程中会发生一系列支出。从经济实质看，研发支出属于无形资产投资，是企业获取无形资产、知识资本的重要路径。研发支出中的开发支出能够通过优化工艺流程或产品设计与性能，在较长时间内提高企业市场竞争力，提高收益回报水平，具有显著的应用性投资性质；研发支出中的研究支出是为了获取新知识和颠覆性科技创新，为连续性技术创新提供知识基础和技术平台，具有基础性投资性质。

从财务会计角度来看，支出可分为资本化支出和费用化支出（收益性支出）两种，其中前者支出额较大且受益期较长（涉及两个或两个以上的会计期间），后者是为获取当期收益而发生的。事实上，绝大部分研发支出的受益期并不在本期，而是通过转化为未来期间的竞争实力来获得补偿。所不同的是，研发支出产生的未来收益不像固定资产、股权债权投资支出那样具有稳定性。按照现行会计准则规定，研究支出全部费用化，开发支出在符合严格资本化条件的前提下资本化。现行准则下的会计实务是以研发支出费用化为主的。研发支出的收益不确定性风险是会计准则将其费用化而非确认为无形资产的重要依据，研发支出资本化的严格条件有助于会计信息稳健性的增强。费用化会计处理方式的意图并非否认研发支出的投资性质，也并非改变研发支出投资于未来赢利能力的事实。

对研发的重视以及研发支出的增长主要与三方面因素有关：①企业已认知的外部压力。②国家宏观层面的政策引导和支持。③企业自身对研发支出性质认识的深入、对研究与开发关系处理能力的提升以及研发意识的增强。在既定的外部市场与政策环境下，企业自身的研发意识和科技创新战略是决定研发支出效果最重要的因素。企业在研发与科技创新方面积累了众多宝贵经验，这主要体现在以下方面：能够正确认识研发的投资性质和抵减当期利润的费用化特征；重广告投入轻研发投入的状况正在逐渐改变，研发投入已被作为提升企业竞争力的战略手段；重视研究对开发的基础性作用和直接推动效应以及对长期价值创造的贡献，而不是从短期利润获取角度评价研发投入效果；通过创新财务管理方式管控研发投入、研发过程和研发效果，通过创新研发投资管控手段不断提高研发投资效率。

不过，在研发支出及其管理方面，企业之间差距巨大。从宏观层面讲，提升企业整体科技创新能力是提升我国企业国际竞争力的重要手段；从微观层面讲，基于对研发支出类别与经济性质的正确认知进行研发支出及其全过程科学管理是企业实现可持续发展的关键。

二、研发支出财务管理的创新路径分析

（一）加大研发方面的投入力度

随着我国与西方发达国家技术差距的缩小，技术引进成本将大于研发成本，技术进步将更加依赖自主研发。因此，随着技术差距的缩小，我国企业实现技术进步的方式必然会从主要通过资本投入来吸收国外先进技术转变为通过研发投入来实施自主创新，从而实现技术进步方式与自身要素禀赋的匹配。随着全球科技竞争的日益激烈和以美国为首的西方国家对我国科技封锁的不断升级，技术引进阻力急剧增大，因此，加大研发投入力度、推动自主创新成为我国企业提升技术水平的必然和战略性选择。

为鼓励我国企业进行自主技术创新，国家在加大税收支持力度的同时，提出了提升企业研发投入强度的要求。无论是监管者对科创板企业研发投入的要求，还是国有资产监督管理部门对国有企业研发投入的要求，均为管理部门对相关企

业研发投入的最低要求。企业不能被动简单地把监管要求作为安排研发投入甚至控制研发支出的标准，而是要在明确的战略和具有可操作性的技术攻关目标引领下，在不低于该标准的前提下提升研发投入强度。

企业作为承担社会责任并追求盈利的经济组织，资金永远是短缺的资源，财务部门通常会借助各类资金使用标准和管控措施来为采购、生产、营销、行政管理、研发等活动配置资金。提升研发投入强度需要财务人员改变以往按照外界规定的以研发支出占营业收入比重及其变化来安排研发投入规模的做法，深入研发活动，与研发人员深度沟通密切配合，了解各研发项目目标、周期、预期效益及对资金的波动性需求，通过资金筹集与运用、长短期资金匹配、不同资金使用方面的协调来满足企业战略发展过程中科技创新对资金的内在需求，为研发提供充分的财务支撑。

（二）转变研发投资预算管理模式

科技创新是资本密集、技术密集、知识密集的活动，并非单纯依靠资本推动就能成功。企业研发财务管理手段的科学性是保障研发投入产生预期效果的重要手段。企业必须改变传统的研发投资预算管理模式，将费用预算管理模式转化为投资管理模式。把研发支出作为战略性投资，以企业战略规划为导向，依托并追踪研发计划和项目进展，安排研发支出预算。费用预算模式是对期间费用采取的预算管理方式，根据业务量和既定开支标准下达预算总额与细目金额，以此控制企业各项费用开支。对于直接扣减当期利润的期间费用，费用预算模式是行之有效的财务管理手段。大部分研发支出尽管直接扣减当期利润，但并非期间费用。研发支出的收益不确定性风险是会计准则将其费用化而非确认为无形资产的重要依据，研发支出资本化的严格条件有助于提升会计信息的谨慎性，并非对研发支出投资性质的否定，也并非研发支出费用化管理的准则依据。

企业研发投资预算管理要改变简单地以类似安排行政管理费用、销售费用的方式进行研发支出管理的做法，把研发活动作为投资活动进行预算管理。企业即使细化研发支出管控，按研发支出总额和项目研发支出额两个口径下达研发费用预算，也无法满足研发支出投资性管理的要求。企业大部分研发项目都会跨年度甚至持续多年，把研发支出作为当年期间费用并用收入的一定比例加以控制的预算管理方式人为割裂了持续性研发项目各年度间支出的连续性，无法准确计量研发项目的经济价值，评价连续性研发项目的投入效果。按投资预算管理模式要求，研发投资预算管理应重点把握以下要点：

（1）研发投资项目全周期预算。企业在深入领会研发战略目标与路径基础上，按照投资预算编制要求，基于每个研发项目计划安排编制每个研发项目的全周期预算，列明每个项目的全周期投资总额、费用支出类别、年度支出进度，为预算投入强度测算、研发资金总体安排及年度研发预算编制奠定基础。

（2）年度研发支出预算。研发支出的投资性质决定了在其预算管理方面不能采用管控期间费用的方式。年度研发支出预算数，既不是按照上年预算支出实际数，也不是简单按照有关规定或出资者所提出的研发支出占销售收入的比重来核定，而是按每项研发计划当年的阶段性研发任务及其所对应的人、财、物耗费额来确定，由此得到每项研发计划当年的研发支出预算数，将每项研发计划的总预算数细化分解为当年预算数。在年度预算编制过程中，企业要在评价跨年度研发计划阶段性效果基础上，分析计划进度与实际进度的差异，修正每项研发计划全周期预算，预测每项计划本年度实施进度，测算每项计划本年度发生的人工支出、材料费用、仪器租赁或折旧费用等，以直接确定和共同费用分摊的方式编制每项研发计划的年度预算。

（3）年度研发支出总预算。在各项研发计划年度预算的基础上汇总编制企业年度研发总预算，并与按营业收入一定比例安排的研发支出总额进行对接平衡。年度研发支出总预算中应当列明各预算支出项目金额与费用支付方式，作为研发支出资金安排与支出管控的依据。

（4）预算实施。以战略为导向，按研发计划实施进度建立预算执行中的动态调整机制，按分级授权原则确定相关计划间预算调整、项目支出进度预算调整、项目预算外追加资金额度的制度，保障和监督各项研发计划有效实施。

（5）以战略为导向的研发绩效评价机制。绩效评价的内容包括研发战略落地情况、研发计划实施进度与实施效果、研发预算与研发战略及计划匹配度、研发预算执行结果。

（三）创新研发绩效的评价模式

研发需要企业投入大量的人力、物力、财力和时间，但研发结果却具有高度不确定性（这种高度不确定性并不单纯意味着研发失败，也可能是研发效果超出预期），研发绩效评价不能简单模仿对有形资产投资的评价方式，而是要有包容精神，采取灵活方式，以支持决策者决策的信心和研发队伍坚持到底的决心。

研发绩效评价是一个对企业研发目标与计划实现程度以及目标与计划影响因素进行综合分析并形成结论的过程。研发支出的投资性质决定了研发支出的绩效并非单纯表现为研发费用的节余或超支，因此研发绩效评价不能简单套用研发支出预算标准来评价研发支出的节余或超支。尽管厉行节约是投资管理的重要内容，但由于研发的技术难度存在高度不确定性，不易在研发规划中准确预判，因此节余或超支均属正常现象。这种高难度和高度不确定性特征还决定了对研发投资不能照搬股权投资与有形资产投资业绩评价模式，也不宜采用相对业绩评价模式。企业必须打破以往简单地以研发支出预算、研发总体投入产出比来衡量研发效果的做法，创新研发绩效评价模式。

1. 优化结果评价，强化过程评价

无论是基础研究、应用研究项目，还是开发研究项目，研发计划跨年度现象都是十分普遍的，因此研发项目不仅要做好对已完成项目的结果评价，而且要做好对在研项目的阶段性过程评价。严格来讲，许多企业所采取的年度研发评价方法并未明确区分过程评价和结果评价，而是把研发评价作为企业年度评价的工作内容之一进行概括性评价。这种评价方式通过比较投入与产出或者用当年研发产出量来评价年度研发活动成果。在这种研发评价体系中，所评价的研发产出是当年显性的研发成果，而非当年全部的研发成果。

研发成果由显性成果和隐性成果构成。其中，前者表现为专利、已完成并付诸实施的工艺设计及改进、已完成并量产的产品优化设计等，属于研发项目的最终成果，是能以财务绩效指标和非财务绩效指标衡量的成果；后者表现为正在实施的研发项目，无法表现为具有标志性并能直观感知的成果，很难以量化指标衡量，但会直接决定研发项目最终效果甚至研发项目成败。因此，研发活动评价需要在做好显性成果评价的基础上加强对极具创造性的研发过程的评价。

过程评价是研发项目立项后至项目完成前的阶段性评价。多数研发项目需要跨越若干年度，且企业通常会同时进行多项研发，因此年度评价需要在评价已完工研发项目绩效的同时，做好对在研项目的评价。研发活动效果产生于研发人员

长期不懈的创造性劳动，研发活动及其管理尽管按项目进行，但每个研发项目的成果不仅来自项目组成员的努力，而且离不开企业在科技创新方面知识的长期积累以及组外其他研发人员的知识与技术支持。对研发活动过程中隐性效果的评价应该基于研发战略，评价研发计划与研发战略匹配度、研发项目实施进度、研发经费支出与计划进度匹配度、研发进展落后于计划进度的原因及解决措施、研发团队分工的合理性及完善措施、项目预期结果等。

过程评价以上述定性评价为主，辅之以研发计划完成情况、研发支出预算执行情况等定量指标。

2. 预算评价过程中强化业财融合

业财融合中的"业"既包括生产经营中的各项业务活动，也包括对各项业务活动的管理。研发活动管理中的业财融合，指财务融于研发活动各环节以及对各项研发业务的管理。科学的研发支出预算评价应该在过程与结果相结合的前提下实现财务评价与业务评价的密切结合。无论是结果评价还是过程评价，都应采用财务与业务相结合的方式。在预算评价过程中，应从以下两方面着手强化业财融合：

（1）财务部门深入战略规划部门、研发部门和研发项目组，通过调研和研讨完善研发活动评价指标。目前绝大多数企业通常采用的财务评价指标是研发投入强度（年度研发投入占当年销售收入的比重）、研发投入产出绩效（当年新产品销售收入与当年研发投入比或当年新产品销售利润与当年研发投入比）。年初下达的研发支出预算数是基于销售收入预算数、研发投入强度预算数核定的，如果年终用年度研发投入额占当年销售收入实际数的比重来评价研发活动实际投入强度，当销售收入实际数高于预算数时，就会产生研发投入强度不达标的评价结果。如果通过追踪销售收入实际数来调整研发投入额，势必会增加研发支出管理工作量并导致研发人员过度关注研发支出额考核指标，不利于研发人员对研发项目的全身心投入。

因此，研发投入强度评价指标不宜以当年销售收入的实际数为基础计算，而应以销售收入的预算数为基础计算。对于研发投入产出绩效评价，为方便同时评价研发成果对收入规模和赢利能力的贡献，建议同时采用当年新产品销售收入与当年研发投入比、当年新产品销售利润与当年研发投入比两个评价指标。在完善财务指标的同时还要健全非财务评价指标，以保证业务指标对财务指标的支撑。业务指标除采用专利数量、发明专利数量、新产品开发成功率等数量指标外，还要增加团队间合作攻关、项目间知识嫁接等方面的非数量指标，以拓展和补充研发活动财务绩效的动力源泉。

（2）在做好研发活动年度评价的基础上，强化研发项目全周期评价。许多研发项目当年的显性研发绩效并非完全产自当年的投入，而是截至当年年末累计研发投入的结果，当年的研发投入有些只有阶段性突破，尚未形成最终成果。

因此，企业还要在年度评价基础上对当年已完成的项目或终止实施的项目进行全周期评价。对已完成的研发项目需要评价其研发总投入对收入和盈利的贡献，累计已形成专利和专有技术、项目成果对其他研发项目的贡献率等；对终止实施的项目需要基于当时的立项决策过程评价终止实施的客观原因和主观原因、项目中期成果转化利用价值等。进行全周期评价的目的在于，优化对项目决策与实施过程的管控，提升研发活动财务水平。

（四）健全原始数据归集与辅助核算体系

无论是国家扶持研发支出的政策、国务院国有资产监督管理委员会对国有企业研发支出占收入比例的要求，还是企业自身精细化的预算管理和绩效评价，都必须以透明度高、可靠性强、相关性强的研发支出会计信息为基础：一是根据研发项目及共同费用类别建立健全研发支出台账，为各研发项目直接费用认定和间接费用在各项目间的分摊提供基础数据；二是除按会计准则要求进行研发支出的总分类核算与明细核算外，按《国家税务总局关于研发费用税前加计扣除归集范围有关问题的公告》（国家税务总局公告 2017 年第 40 号）和《国家税务总局关于进一步落实研发费用加计扣除政策有关问题的公告》（国家税务总局公告 2021 年第 28 号）及其附件要求，设置和使用研发支出辅助账及研发支出辅助账汇总表。

通过健全研发支出原始数据归集与辅助核算体系，为各研发计划费用支出项目统计分析、研发支出审计与税务核查、研发项目预算管理与绩效评价提供可信赖的基础数据。对已经建立财务共享中心的企业集团而言，除要把按会计准则要求进行的研发支出总分类核算与明细核算纳入财务共享中心外，还要基于业财融合把业务数据归集与辅助核算、税务核算纳入共享中心，实现业务、财务、税务核算的一体化。

三、研发支出财务管理创新的前置措施

研发活动管理是一项复杂的系统工程，财务管理是系统性管理的重要内容。财务管理创新必须以企业科学的研发战略管理、组织管理为前提，能够解决财务管理中共性问题的最优方案需要国家政策的指引。

（一）可操作性的技术攻关目标

加大研发投入不是简单地针对已有研发项目增加资金投入，而是为企业更高层次、更长远的研发目标提供资金保障。研发目标定位涉及深度目标、广度目标两个方面。企业在产业链中的话语权、在行业中的科技水平是确定研发目标深度的基础。如果企业在国内同行业某一领域或若干领域处于行业领先水平，其研发战略目标应瞄准国际领先水平，解决国际范围内同行业尖端技术问题，寻求核心技术、核心材料、核心装备或核心零部件方面的重大突破。对于已经处于国际领先地位的科学技术，企业应当把客户需求作为价值主张的核心，在研判技术可行性与市场需求的基础上制定保持技术领先地位的战略，避免陷入成功企业受累于自身成功的窘境，以其他竞争者很难复制乃至无法复制的商业模式来满足各类客户的需求。

研发战略的广度目标旨在拓宽技术应用领域。一项核心技术可能被应用于多个商业领域，如激光技术既可用于激光武器制造，也可用于激光美容。推动相关业务多元化是企业提高核心竞争力的重要举措。传统的相关业务多元化指企业向产业链上游或下游拓展，或者向关联产品制造拓展。以核心技术为依托的相关业务多元化指拓展核心技术应用领域，提升技术优势转化为市场优势的能力，利用企业积累的市场优势向邻近领域延伸，从而扩大企业业务范围，最大化将技术转化为盈利的能力。随着竞争的激烈、科技投入资金的增加、科技投入回报意识的增强，基于核心技术拓展业务领域，推动相关业务多元化成为许多优秀企业的战略性选择。从研发的广度目标看，需要确定已有技术可供应用的领域，将已有技术开发运用于新的产品和服务，或者通过技术转让、投资入股等方式把技术应用

于新的经济实体，最终实现价值增值。

战略引领下研发深度目标和广度目标的明确和确立能有效解决企业为短期盈利而进行"救火"式研发的问题，这既是研发计划确定的基础，也是研发活动财务管理创新的前提。

(二) 科学的研发组织体系

研发协同是企业获取资源并实施研发创新的有效手段。科学的研发组织有助于形成技术优势，产生技术协同效应，降低研发活动的成本和研发固有的不确定性，在企业集团内部实施知识共享和技术共享。研发人才以及资金都是企业的稀缺资源，各利益主体间协同机制的建立有助于各种资源的有效使用，对研发绩效具有显著影响。例如，科学的研发组织体系可为企业集团整合研发资源与知识信息、成员企业间协同互动提供组织保障，有助于企业集团最大限度地解决成员企业之间存在的资金重复使用、仪器设备重复购置、团队重合、研发项目重叠等问题，提高研发团队劳动生产率，提高研发资金配置效率，进而改善研发投资效果。研发组织体系涉及研发机构设置与运行、研发规划分解与实施两个基本问题。

根据企业集团所属成员企业业务经营领域的不同，可将企业集团分为专业化经营的企业集团和业务多元化的企业集团。对于专业化经营的企业集团，集团可在集团本部设立研究部或分支机构、分/子公司形式的研究院，从事基础性研究、前瞻性技术研究、产品设计与小批量试产，在集团下属企业从事产品中试和产业化；对于业务多元化、按产业划分战略业务单元的企业集团，集团本部的研发重点应定位于基础性研究、前瞻性技术研究，战略业务单元的研发重点应定位于产品设计与小批量试产，下属企业主要致力于产品中试和产业化。

在研发规划方面，集团总部要在把企业战略转化为研发战略的基础上，以下达研发规划与项目指引的方式引导下属企业进行集团内课题申报与研发计划制订。对于主业明确的业务经营型企业集团，可在集团明确的研发战略指导下下达研发规划，通过下达与自选相结合、集中评审的方式确定年度研发项目；对于战略管控型企业集团，可在集团统一的研发战略基础上，由各战略业务单元组织本单元研发规划与计划的制订。

企业间并购重组是实现资源优化配置、提升企业市场竞争能力的重要手段。企业并购后协同效应的发挥不仅需要做好业务整合、财务整合、文化整合，而且需要做好研发资源的整合。要充分认识和包容并购重组后来自不同企业的研发人员在文化、认知、方法论等方面的差异。为避免上述差异转化为矛盾，并购与被并购企业应通过相互学习与补充，通过不同认知的碰撞来拓展研发思维角度，融入研发战略的深度目标和广度目标，进而形成一套具有包容性和可操作性的研发组织和规划体系。

（三）相关政策指导

自 1995 年中共中央、国务院在《关于加速科学技术进步的决定》中首次提出要"促进企业逐步成为技术开发的主体"以来，企业研发投入一直呈显著上升趋势。企业研发投入强度的提升和研发效果的改善与政策的引导是分不开的。国家有关部门颁布的研发支出鼓励政策以及研发支出管理方面的引导政策，对提高企业研发投入积极性、提升研发投入效果作用显著。比如，2021 年 9 月财政部、科学技术部印发的《国家重点研发计划资金管理办法》以及 2021 年国家税务总局发布的《研发费用税前加计扣除新政指引》对研发投入核算质量与管理水平提升作用显著。

随着 2022 年国务院政府工作报告提出的"推进科技创新，促进产业优化升级，突破供给约束堵点，依靠创新提高发展质量"和"加大研发费用加计扣除政策实施力度，将科技型中小企业加计扣除比例从 75% 提高到 100%"等措施的落实到位，企业研发投入强度将进一步提升。考虑到目前我国企业研发投入力度不断加大、研发管理要求不断提高但研发管理水平参差不齐的状况，建议国家有关部门在进一步完善研发投入激励政策的基础上，补充颁布一些企业研发活动管理方面的指引性文件，如国务院国有资产监督管理委员会在每年发布的中央企业预算报表及其编制说明中增加的研究与开发支出预算表及其编制说明，财政部在《管理会计应用指引》预算管理部分增加的研发投资预算管理指引方面的内容。

第二节 基于多学科视角的财务管理拓展与创新

随着我国经济发展及企业改革目标与思路的确立，改革与创新成为经济发展和社会进步的主旋律。财务管理作为现代企业管理的中心，要适应经济发展和企业改革的要求，也必须进行创新与变革。

一、基于经济学视角的财务管理拓展与创新

（一）基于宏观经济学视角的财务管理拓展

微观经济的发展与宏观经济状况是紧密相关的。宏观经济目标与宏观经济政策影响着微观企业的发展，也必然影响着财务管理理论与实践的创新发展。围绕宏观经济学研究的主要问题，企业财务管理拓展与创新的重点可从宏观经济目标和宏观经济政策两个方面展开。

1. 宏观经济目标与财务管理

宏观经济目标通常包括经济增长目标、稳定通货膨胀目标、增加就业目标和国际收支平衡目标。财务管理必须将企业置身于宏观经济环境中，根据国家的宏观经济目标，确定财务管理的目标及战略。

（1）经济增长目标与可持续发展财务战略。企业的可持续发展需要正确的战略选择与规划，而企业的战略必须与国家的宏观经济增长目标相衔接，它既受宏观经济增长目标的影响，同时也影响着宏观经济增长目标的实现。因此，企业在选择与规划企业发展战略时，必须充分考虑国家宏观经济增长目标。基于经济增长目标和企业价值创造目标，企业可持续发展战略的中心是可持续发展的财务战略，如何从财务战略上保证企业可持续发展和宏观经济增长是财务管理创新的重要内容。

（2）通货膨胀目标与通货膨胀财务管理。在宏观经济发展的不同时期，通货膨胀或通货紧缩可能会时有发生。如何应对通货膨胀或通货紧缩对企业财务管理带来的影响或产生的后果，是财务管理必须面对的挑战。在这种情况下，重视通

货膨胀财务管理是财务管理创新的必然选择。

（3）增加就业目标与员工福利（社会责任、社会福利）财务管理。从公司使命的角度看，创造价值、增加社会福利是公司使命的内涵之意。微观企业的社会责任意识和员工福利目标是实现宏观就业目标的重要保障，因此，在日常财务管理过程中，保障员工福利、强化社会责任，也是现代企业财务管理的使命所在。

（4）国际收支平衡目标与国际财务管理。无论是跨国公司还是有进出口业务的公司，其经营状况和效果都与宏观经济中的国际收支平衡相关，因此，这类公司在理财过程中必须考虑宏观经济目标中的国际收支平衡状况和国际收支平衡目标的影响因素，做好国际财务管理。

2. 宏观经济政策与财务管理

宏观经济政策通常包括货币政策、汇率政策、财政政策、信贷政策、产业政策等。宏观经济政策与财务管理息息相关。每一项宏观经济政策都会给企业理财活动带来影响，财务管理必须充分考虑宏观政策因素或根据宏观经济政策导向进行财务决策与控制。

（1）货币政策与公司金融管理及财务政策。货币政策是涉及经济全局的宏观政策。财务管理的外部金融市场环境，财务管理中的筹资决策、投资决策及收益分配决策等，都直接受货币政策的影响，同时，货币政策通过对宏观经济增长的调节，也会影响公司各项经营业务状况及效果。现代财务管理必须关注宏观货币政策，积极应对货币政策的变化。

（2）汇率政策与公司国际财务及跨国经营。汇率政策不仅对宏观国际收支平衡目标产生影响，而且对跨国公司经营管理和进出口业务经营管理都有着直接的影响。在公司业务国际化的大趋势下，财务管理中的国际财务管理和跨国经营财务管理都必须充分关注汇率政策的变化，利用汇率政策变化为企业创造价值和实现价值。

（3）财政政策与公司税务管理及收益管理。财政政策变化影响宏观经济增长，对财务管理也产生直接的影响。财务管理中，一方面可直接利用财政税收政策进行税收筹划及收益管理；另一方面根据财政政策对宏观经济的调整做好投资决策、融资决策和经营决策。

（4）信贷政策与公司债务管理及负债经营。国家信贷政策将直接影响财务管理中的资本成本和资本规模。财务管理中如何利用信贷政策降低资本成本，利用财务杠杆创造更多价值，利用负债经营或资本运作促进企业快速发展，以及如何防范财务风险，都是现代财务管理创新的重要内容。

（5）产业政策与公司战略及财务战略管理。从财务管理角度看，产业政策影响着企业的可持续发展战略。公司在财务战略选择上，必须充分考虑产业政策，合理配置和有效使用财务资源。公司战略及财务战略的正确性，决定着公司的可持续发展和战略目标的实现。

（二）基于微观经济学视角的财务管理创新

微观经济学是研究微观组织的资源配置与合理使用的科学。微观经济学追求资源配置与使用的经济效率，包括追求规模经济效率、技术进步效率、资源配置效率和经营管理效率等。财务管理是研究企业资本资源的配置与使用效率的，围绕经济学的经济效率核心，财务管理创新可从资本经营内容和资本经营方式两方面进行。

1. 资本经营内容与财务管理的内容创新

资本经营的核心是资本保值增值，企业进行资本经营的关键在于盘活资本存量、用好资本增量、优化资本配置和合理分配资本收益，这也是财务管理内容创新的重点所在。

（1）搞好资本存量经营，充分利用财务资源。资本存量经营的核心是提高资本利用率，一方面，企业要着力挖掘潜力，盘活闲置资本，使现有资本得以充分利用，增加资本收益；另一方面，企业要优化存量资本的投向，压缩或去除落后产能，淘汰前景不好的产品，增加新产品研发或引进以及技术创新、技术推广、技术改造等方面的投入，通过资本存量经营提高技术进步对企业的贡献率，以此撬动资本收益率提升。面对当前我国企业总体债务规模增长过快、杠杆率高企的现状，政府正在积极推进供给侧改革，盘活存量资本，提高资本经营效率，也是"去杠杆"的有效途径。

（2）做好资本增量经营，提高融投资效率。一个发展良好的企业，必然会根据市场需要增加投资，扩大生产经营规模，这就涉及资本增量经营的问题。企业资本增量经营的目的，绝不仅仅是扩大企业的规模，而是更好的谋发展。针对资本增量经营，企业财务管理应该从以下方面进行创新：①选择好增量资本的投资方向，利用现代信息技术与财务方法做好项目评价，进行科学的投资决策，通过优选项目提高投资收益率。②选择合适的资本增量筹集渠道，优化资本结构，通过控制筹资成本提高资本收益率。③处理好企业经营风险与经营规模之间的关系，避免盲目扩张，通过资本增量管控获得规模经济效益。④充分考虑国家的产业政策和技术进步因素进行增量资本经营，提升企业的技术进步经济效益。

（3）优化资本配置经营，提升资本配置效率。优化资本配置是资本经营的核心问题，关键在于通过资源配置结构的调整提升企业资本收益率，这就是资本配置经济效益。从前面的阐述可以看出，资本存量和增量的管理都存在着资本配置优化问题。企业的资本配置经济效益可以从以下方面获得：①投入资源已确定，通过优化资本配置使产出最大化。②产出已确定，通过优化资源配置使投入最小。③解决已有资源错配问题，通过资本配置的调整优化企业的产品结构和资产结构，改善经营状况，使投资收益率最大。④通过资本配置的调整优化企业的资本结构，使债务资本与权益资本保持恰当比例，控制财务风险，让企业处于可持续发展的良好状态。

（4）合理分配资本收益，完善财务激励机制。公司通过资本运营取得收益，实现资本的保值和增值，也为资本收益分配提供来源。资本收益分配是对资本经营成果的分配，是整个资本经营过程十分重要的环节，管好收益分配才能使一个资本经营周期完美收官，并可激励经营管理者为下一个经营周期打下良好开端。现代企业的资本收益管理不仅包括传统财务管理中股利政策的选择与制定，还应该包括含有收入、成本与价格管理在内的利润管理和盈利能力管理、盈利质量评价、资本收益考核等内容。

企业财务管理需要针对资本收益过程管理、业绩管理和分配管理等方面不断进行创新。对于资本经营单位来讲，合理的资本收益分配能够较好地平衡各方面的关系，因此，要从优化融资结构、控制财务风险、提升股票价值、保持公司可持续发展的高度来认识资本收益分配的重要性。

2. 资本经营方式与财务管理的体制创新

财务管理内容创新是站在对公司资本进行合理配置与有效使用角度进行的。

如果站在财务管理各主体责任单位的角度，财务管理可从产品经营、商品经营、资产经营和资本经营四个方面进行研究，创新与完善财务管理体制，按照不同责任单位，明确其目标、界定其职责、完善其内容。具体分析比较见表6-1❶。

表6-1　四种责任主体单位财务管理特征比较

主体责任单位	基本目标	核心指标	重点理财内容
产品经营单位	产值最大化	产量和产值	以成本管理为重心，减少资产占用，避免资本闲置、浪费；注重生产效率管理
商品经营单位	利润最大化	成本利润率	以市场为导向组织供产销活动，扩大销售、降低消耗；注重筹资、投资、利润和利润分配管理
资产经营单位	资产收益最大化	总资产报酬率	以合理配置资产、有效使用资产、追求资产增值为重心，将资产重组、资产结构优化等内容纳入理财重点
资本经营单位	资本增值最大化	净资产收益率	以优化资本配置、提高资本收益为核心，将资本流动、收购、重组、参股和控股等内容纳入理财重点

在当前复杂的外部经济环境中，企业的经济活动也纷繁而多变，传统财务管理理论阐述的目标、原则、任务和方法体系等，已经无法完全满足现代企业的管理需要。这需要企业根据自身的经营方式，区分不同的主体责任，明确各自的理财目标和工作重点，通过不断创新，提升财务管理水平，取得更大效益。

基于资本经营单位的财务管理创新思路，对于我国大型集团化财务管理体制和组织创新是十分有益的，无论是职能制组织、事业部制组织，还是控股制组织，都可根据这种资本经营方式划分，创新其理财目标、任务及内容。

二、基于管理学视角的财务管理拓展与创新

财务管理从字面理解就是要管理企业财务，管理是财务管理必不可少的内

---

❶　王卫星. 基于多学科视角的企业财务管理拓展与创新探讨［J］. 会计研究，2016（11）：33.

涵。所谓管理，是指为了实现某种目的而进行的计划、组织、指挥、协调、控制的过程。管理职能包括计划、组织、指挥、协调与控制。管理控制系统是发挥管理职能、实现管理目标的核心系统。管理控制系统是以组织的管理目标为导向，以管理职能为手段，保证组织目标实现的系统，主要包括管理控制要素系统、管理控制程序系统等。以下基于管理学视角的财务管理方法创新，主要探讨从管理控制要素和管理控制程序系统两方面对财务管理理论与实践的拓展。

（一）管理控制要素与财务管理

1. 控制环境与财务管理体制

企业管理控制环境包括外部环境与内部环境。关于外部环境对财务管理的影响，在基于宏观经济学视角的分析中已经涉及；企业管理控制的内部环境涉及公司治理环境、公司管理体制环境、公司文化建设环境等。公司治理环境对财务管理体制等有着至关重要的影响，股东会、董事会、监事会和管理层在公司重大财务决策中的地位、职能及作用的发挥，都取决于公司治理的环境好坏或水平高低。

现代财务管理一定要上升到公司治理和财务治理的高度进行。公司管理体制涉及公司职权划分和经营单位设置。财务管理是集权、分权还是放权，对什么样的经营单位集权，对什么样的经营单位分权或放权，这些都是财务管理体制创新的关键。公司文化建设决定了公司员工的价值观、素质和行为规范，这些都影响着财务管理中管理控制的手段、方式与方法，也决定着财务管理体制的创新。

2. 风险评估与财务管理内容

控制风险是管理控制的核心，也是财务管理的关键。公司的风险有各种类型，有的与财务管理直接相关，如各种金融风险、财务风险等；有的与财务管理间接相关，如作业风险、事故风险、灾害风险等。无论何种风险发生，都将影响公司的战略目标及财务目标。因此，财务管理必须将风险控制放到十分重要的地位，根据风险控制的环节，在财务管理各个领域、各个方面和各个环节，做好目标设定、风险识别、风险评估、风险应对工作。

3. 控制活动与财务管理方式

控制活动是有助于保证管理者的风险应对方案得到正确执行的相关政策和程

序。财务管理战略目标的落实，公司各项财务决策（包括投资决策、筹资决策、经营决策与分配决策）的实施都离不开控制活动的保证。因此，财务管理方式创新，从管理控制角度一定要将财务管理的控制活动贯穿于各职能组织和经营组织之中，通过批准、授权、核查、调节、资产安全以及职责分离等方式，保证财务战略和财务决策目标的实现。

4. 信息沟通与财务管理手段

信息沟通是管理控制科学性与及时性的保证。财务管理中要保证财务决策与控制的科学性和及时性，必须加强信息沟通。从财务管理角度看，信息沟通，一方面要在信息内容的相关性和可靠性方面保证财务决策与控制的需要，即加强以会计信息为核心的管理报告体系建设；另一方面要在信息沟通手段的及时性、系统性方面满足公司财务决策与控制的要求，即加强会计信息系统和管理信息系统建设。科学的报告体系和信息系统对于财务管理手段创新是不可或缺的。

5. 内部监督与财务管理机制

由于财务管理的主体不同，在委托代理机制下，监督是十分必要的。从内部监督角度看，无论是正式组织的监事会监督、内审机构监督，还是非正式组织的职工监督等，对于财务管理决策科学性及控制有效性都是必不可少的。财务管理无论在重大财务战略及决策方面，还是在日常财务经营决策方面，都应该建立科学的监督机制，避免决策失误和违法违规情况的发生。

（二）管理控制程序与财务管理

管理控制从控制程序看，包括战略目标分解、控制标准确定、控制信息报告、经营业绩评价和管理者激励五个步骤。基于这五个步骤或方面，财务管理的程序、方式及方法等也将不断创新与完善。

1. 公司战略与财务管理战略

现代企业管理的中心是财务管理，因而公司战略目标中的核心目标是财务战略目标。公司战略目标是公司使命和宗旨的具体化。公司财务战略目标针对不同主体责任单位也各不相同，对于资本经营型公司，关键是通过优化资本配置而创造价值并且实现价值。现代企业财务的价值创造是通过投融资活动进行的，商品经营单位通过投融资活动为商品经营提供资金支持从而创造价值；资本经营单位通过投融资活动进行资本经营而直接创造价值。价值实现是公司创造的价值被资本市场认可并接受。财务管理战略创新就是要从价值创造战略和价值实现战略两个角度出发，以实现经济增加值和市场增加值为财务战略目标。

2. 控制标准与财务管理目标

要在深入分析公司战略目标的各种影响因素基础上，找出关键变量和控制重点，围绕公司战略目标的实现来制定控制标准。财务管理目标创新，需要公司在明确价值创造和价值实现战略的基础上，将体现财务管理目标的核心财务指标（如总资产报酬率、净资产收益率等）与控制变量和控制标准有机结合起来，通过管理控制标准的实施、管理控制水平的提高来促进其理财目标的实现。

3. 控制报告与财务管理信息

管理控制的关键在于运用控制标准去控制实际经济运行。因此，在确定控制标准的基础上，对实际经济运行状况的真实计量与报告是管理控制的重要步骤。完成这一步骤的关键是编制控制信息报告。在财务管理创新视角下，控制信息报告要体现价值管理特点，即以会计报告系统为核心，以公司财务决策与控制管理为重点，使财务管理信息报告既能反映整个公司及各部门的财务业绩实际状况，又能体现各类财务目标及控制标准的完成情况。财务管理信息的全面性、及时性及准确性是财务管理科学性的保证和前提。

4. 业绩评价与财务管理评价

管理控制中的业绩评价，是在明确控制标准和应用控制报告的基础上，对各经营管理责任单位及负责人的业绩进行评价，区分主观与客观因素、可控与不可控因素，真实反映经营效果。财务管理的业绩评价重点在于财务评价，财务评价的标准主要体现在股东价值创造和价值实现上，以是否为股东和企业增加价值为评价的根本标准。财务评价在财务管理的筹资决策、投资决策、分配决策、经营决策中有着广泛的应用领域。基于管理控制程序进行财务评价对于提升财务管理中财务决策与财务控制水平具有重要的价值。

5. 激励报酬与财务管理激励

管理控制的主体是管理者，管理者的报酬决定着管理控制的效率与效果。如何依据管理控制标准、报告及业绩评价结果给予管理者相应的激励报酬，对于管理控制持续有效与确保目标实现是十分重要的。在基于价值管理的财务管理环境下，将管理者激励与价值创造或资本增值相关联、使股东价值增加与经营者报酬成正比，应该成为财务管理关注的内容。激励机制及激励契约管理是现代财务管理创新的重要领域。

从管理学的视角看，基于价值创造和价值实现的管理控制过程，为财务管理创新指明了方向，实质上也就是财务管理创新的过程。

三、基于会计学视角的财务管理拓展与创新

在财务管理与会计实践中，无论在机构设置上，还是在业务处理上，会计与财务也是密不可分的。基于会计学视角的财务管理创新是理论发展和实践需求的必然选择。

（一）基于会计报告系统的财务管理

会计的本质是一个信息系统，具体通过会计报告系统来体现。会计报告系统分为财务会计报告和管理会计报告，对于企业来讲，财务会计报告既要对外报送，也可以用于内部管理，而管理会计报告则主要用于内部管理。由此可见，这两类报告都是财务管理所必需的信息，也是财务管理可以取得的信息。因此，从财务管理对会计报告需求角度，基于会计报告的财务管理体系内容可分为以下内容：

（1）基于会计要素报告系统的财务管理。如资产报告与资产管理，负债报告与负债管理，所有者权益报告与所有者权益管理，收入报告与收入管理，成本报告与成本管理，利润报告与利润管理。这种从会计要素出发的财务管理，是公司价值管理的基础，有利于创新与完善财务管理各基本业务和要素项目的管理，提升资本资源配置与使用效率，尽可能以低的投入取得更大的产出。

（2）基于财务活动报告系统的财务管理。如筹资活动报告与筹资管理，投资活动报告与投资管理，分配活动报告与分配管理。这种从财务活动出发的财务管理是财务管理的基本内容，有利于创新与完善对各项财务活动的组织与管理，处理好不同活动阶段的各种财务关系。

（3）基于管理会计报告系统的财务管理。产品经营、商品经营、资产经营和资本经营四种活动的报告与管理，都是基于管理会计报告系统的财务管理范畴。这种从经营责任单位和资源配置角度出发的财务管理，有利于创新与完善财务管理组织及责权，提升经营决策的科学性。

（4）基于管理控制报告系统的财务管理。如战略计划报告与战略管理，预算标准报告与预算管理，控制信息报告与控制活动管理，评价报告与业绩管理，激励报告与薪酬管理。这种从管理职能角度出发的财务管理，有利于创新与完善财务管理程序与方法，有利于促进财务管理目标的实现。

（5）基于会计信息系统（或会计报告系统）的财务管理，既融合和整合了不同视角的财务管理，也突出了基于会计的财务管理全面性、系统性、科学性特色，对于财务管理理论创新与方法论创新都是有益的探索。

（二）会计信息系统在财务管理中的地位

如果说基于宏观经济学、微观经济学和管理学不同视角的财务管理各自从不同角度解决了财务管理的外部环境、经营决策和管理控制问题，那么，基于会计学视角的财务管理则是通过基于会计信息的经营决策与管理控制，将不同角度的财务管理全面综合地整合为一个完善的财务管理系统。

基于多学科融合的财务管理系统或体系框架可表述为：现代财务管理应以会计信息为基础，以价值管理为导向，以资本增值为目标，建立以价值创造（评估战略和借助全面绩效管理以创造价值）和价值实现（处理与投资界的关系）为主要领域，以资本经营与管理控制为两翼的新型财务管理理论及应用体系。在财务管理理论框架中，无论价值创造还是价值实现，无论是资本经营决策还是管理控制，都离不开有用的会计信息。在追求资本增值和基于价值管理的财务管理框架中，会计处于非常基础和重要的地位。

第三节　网络经济时代的财务管理创新思路

在计算机网络技术等冲击之下，我国科学技术的发展进入一个新的阶段，推动了社会经济的发展，同时也要求企业的财务管理应该做到与时俱进，实现改革和创新。传统的财务管理系统已经无法满足当前的实际需求，因此，加强财务管理工作与信息网络技术之间的衔接融合，是推动企业财务管理改革和创新的新方向、新思路。虽然在当前的改革过程当中，存在许多问题，但是相信在长期的改革实践当中，能够扫清具体存在的阻碍，不断地完善财务管理体系，促进其往现代化、网络化、专业化方向发展，改善企业的经营发展状况，推动企业健康、稳定发展。

一、网络经济时代的财务管理及其发展

（一）财务管理与企业经济

财务管理指的是以企业生产经营的目标为导向，结合企业当前发展的实际情况，立足于当前经营发展模式，借助合理的财务管理体制和方法，推动企业的经济发展。财务管理是企业管理工作当中的有机组成部分，是提升企业核心竞争力的关键环节。在当前信息化背景之下，传统的财务管理模式所存在的弊端和不足逐渐浮出水面，其所带来的不利影响在不断放大。基于此，企业的财务管理工作趋向于信息化的发展是必然的趋势。

所谓网络经济，从字面意思理解就是网络技术和经济之间的有机融合，通过对网络技术优势的运用，结合万物互联的思维，以传统经济发展的模式为载体，继而构建一个全新的经济发展体系，打开经济发展的新格局。在这样的环境之下，企业的财务管理也应该紧随时代潮流，主动跟随时代发展的脚步，在这一大环境和主流趋势之下，创新发展思路，寻求对的发展方向。

（二）网络经济对财务管理的影响

（1）企业财务管理主体、管理对象的改变。传统的财务管理模式之下，通常是对有形并且相对稳定的组织实体进行服务。而在网络经济背景之下，电子商务作为新时代的产物，应运而生，并且乘着这一股时代的东风，获得了全新的发展，而后大范围地普及，出现了数不尽的虚拟企业形态。随着企业的虚拟化，财务管理的主体发生了质的改变，从实体变成虚拟。另外，传统的财务管理是为独

立核算的经济实体而服务的。但是在网络经济的发展趋势之下，商业活动主要是以电子商务为载体在线上开展，逐渐淹没了线下面对面的交易模式，传统的商业模式已经成为时代的"末班车"，竞争力在一点点丧失。

（2）企业财务管理目标模式与内容的改变。传统的财务管理模式的目标与网络经济背景之下的财务管理的目标相差甚远，后者呈现出多元化的趋势。基于此，则要求企业明确当前企业发展的新目标，然后按照这一大方向，重新确定企业财务管理的新目标，主要应该从多个层面加强对其服务主体的利益进行整体协调、把控，着重关注企业的预期经济效益，积极投身社会发展，履行其职责。由此可见，企业财务管理的目标出现了多层次转变。

另外，在网络经济背景之下，企业所发生的经济活动更多的是以数字信息为载体，打破了时间和空间的限制，具有快、准、全的优势。比如电子商务就能够对企业发展过程当中的不同环节在计算机网络上进行自动化处理，让整个流程变得更加高效、快捷。基于此，强调财务管理模式也应该跟随其脚步，实现新的发展，获得新的成长，从这一管理环节的及时性、适应性等方面进行改革。就财务管理的内容而言，在当前的发展趋势之下，财务管理的重点不再拘泥于之前的内容。通常情况下，传统的财务管理内容以有形资产为主，而当前则是以无形资产为主，特别是技术、商标、信息等这类无形资产，是网络经济背景下财务管理的重中之重。

（3）给企业财务管理安全、财务管理人员素质要求带来的影响。互联网的发展具有开放性、关联性，在当前的网络体系当中，可以完成线上经济活动。正是如此，网络安全的风险随之而来。在网络高速发展的今天，很多的网络安全问题无法实现彻底的根除，只能通过预测监督、管理和控制，降低风险。所以增强财务管理的网络安全性一直是企业发展过程当中关注的要点。

而对财务管理人员的综合素质而言，在网络经济迅速发展的过程当中，对于相关人员的专业能力、信息素养、法律意识、创新能力等提出了更高的标准、要求，对复合型人才的需求量越来越大。财务人员只有不断地学习才能够不被时代所淘汰，才能够跟上现代经济的脚步。可见，培养高素质的财务管理人员尤为重要。

（三）网络经济下财务管理的发展

（1）信息处理自动化。随着信息化技术的发展，企业财务在管理过程中，对财务信息的处理主要是向自动化、智能化方向发展，同时更讲究信息处理的实时性、程序化。在财务管理系统当中，财务人员主要是借助自动化的网络程序，对财务管理的数据进行统一核算，提升财务工作的质量。

（2）财务职能分解。在网络经济背景之下，对财务管理的相关职能进行分解处理，删减不必要的工作环节，借助企业网络体系将关键性的业务节点进行有效衔接，保持紧密联系。企业的决策者可以通过网络对财务管理的各项工作进行实时监管，便于做出正确、科学的决策。

二、网络经济时代财务管理的创新思路

（一）提高风险管理水平，增强防控能力

"财务会计与时代环境具有无法分割的关系，时代环境直接决定了财务会计管理思想理论与组织规范、发展水平。"[1] 在网络经济背景之下，企业对经济虚拟化发展存在的潜在风险认知不足，风险防范意识比较差，对风险的抵抗能力、应对能力比较弱。基于此，企业在发展过程当中，应该意识到提高风险防控能力的重要性，增强风险防控能力，对财务管理当中存在的潜在风险进行分析、预判、防控，不断完善风险防范机制，从多个方面、多个层次对未来的风险进行定性化分析。同时，在企业管理和决策的过程中，应该综合考虑风险因素。

（二）增强财务人员的专业能力

在网络经济背景之下，财务管理的信息化发展是不可逆转的趋势，通过财务管理与网络信息技术之间的高度融合，为财务管理工作带来更多的活力，同时也能够提高财务管理工作的质量。而要实现这一管理目标，对于财务人员的综合素质也有较高的要求。这与当前财务人员的整体实力，存在一定的偏差。因此，加

---

❶ 董冠缨. 网络经济时代下的财务会计管理［J］. 中外交流，2021，28（3）：10-12.

强对财务管理人员的专业化培训，构建一支高质量的财务管理工作队伍是非常重要且必要的任务。财务人员是企业发展的重要力量，财务人员所具备的理论知识、实践能力、信息素养、法律知识等直接决定了财务管理工作的效率和质量。当前企业在发展的过程当中，应该重点培养高质量的复合型人才，以此提升企业的核心竞争力。在加强对企业财务管理人员专业能力的培养环节，企业主要应该从以下三个方面着手：

（1）提高财务人员的准入门槛。在财务人员招聘的过程当中，就应该综合考虑其专业能力、专业水平、职业素养，从应聘人员当中择优而选，引进高质量的人才，这是构建专业财务队伍的基础和前提。

（2）对当前的财务在职人员加强培训，强调相关的人员应该积极参与，并且对出勤率进行考核。在培训过程中，对工作中具体所需要的技能展开针对性的训练，让工作人员对于相关的专业理论知识、专业技能、法律知识等有充分的认知和深刻的理解，进而实现融会贯通，灵活运用，为财务管理工作添砖加瓦。

（3）为了督促财务管理人员一直处于学习的状态，可以定期进行专业考核，对考核未通过的学员予以降薪、降职处分。通过多元化的形式，激发财务人员的上进心，提升其专业素养，以此适应当前高速发展的网络经济所带来的压力和紧迫感。

（三）加强财务管理信息化建设

企业的财务管理在发展创新过程中，主要依托于现代化信息设备和信息系统落实发展。因此，强调企业应该投入更多的资源，不断完善信息化构建，迎接网络经济所带来的发展机遇。同时，企业在财务创新的过程中，应对所运用的系统和软件设备进行定期维护和更新，保证企业的财务系统在稳定的状态下运行，保证企业的财务工作顺利、有序、高效地开展。

另外，在信息化建设过程中，特别值得关注的是网络安全问题，企业可以高薪聘请专业的技术人员，定期进行维护、检查，优化企业的信息系统，继而保证企业信息数据的完整性，不被侵害和损坏。当然除了技术层面的优化，还应该从制度层面、监管层面着手。比如建立网络信息安全保障制度，保障网络信息的安全，避免内部人员对财务数据信息的泄露，给企业的发展造成巨大的经济损失。

同时，专门设立网络管理员这个重要职务，对企业的财务管理数据进行全面监管，并且对重要的数据内容加密处理，只有企业的核心人员才能够获取，这样能够避免财务数据的外传或丢失。

（四）创新财务管理的模式

传统的财务管理模式不能满足当前企业发展的实际需求，因此加强对财务管理模式的创新改革势在必行。在当前的时代背景之下，企业的管理层应该从整体上分析网络经济发展的特点，以此为基础，制定科学的财务管理目标，在目标的正确引领之下，促使企业管理人员实现管理思维、管理理念的转变，学习先进的管理理念，做到与时俱进，关注企业发展的实际情况，积极引入先进的管理元素，进行合理的调整改革，从传统的管理理念中解脱出来。在这一基础之上，对财务管理的内容与形式进行创新。

在当前时代背景之下，财务管理工作信息化、数据化发展的趋势不可逆转，工作形式和工作内容也发生了重要改变。财务人员在具体的工作当中应该转变财务管理工作的重心，从传统的以实现经济效益最大化为主要工作任务延伸到加强财务预测、财务核算等各方面，拓展财务管理的空间，拓宽财务管理的维度。财务人员在具体的工作中，主要可以结合企业发展的实际情况，加强对互联网万物互联这一特性的利用，把握网络金融的特点，不断对财务管理的内容进行优化调整，对财务管理的形式进行创新改革，继而推动财务管理模式的整个进程，形成财务管理的新格局，构建财务管理的新体系，实现新的发展。

第七章 基于财务共享的财务管理创新发展

第一节 财务共享服务的理论依据与拓展思考

一、财务共享服务的理论依据

"经济全球化的发展，共享服务在财务界的研究应用越来越被学者、企业重视。"[●] 财务共享服务是一种模式，企业将自身财务核算、资金收付等职能进行多单位、跨地域集中处理。该模式是一种以信息技术为载体，处理流程为核心，客户需求为导向的服务模型，力求通过集中处理基础业务的手段，形成规模经济，达到节约成本、提高效率的目的，该模式在大型企业中能够起到降低运营成本、改变组织结构、优化企业管理、提高内部流程周转效率的作用，以给企业创造更大的价值。

财务共享服务可以共享财务资源，降低财务核算成本。例如，财务人员进行日常成本费用的基础核算是每个企业都需要的工作，像粘贴单据、审核盖章、登记账簿这样的基础工作都非常简单琐碎并且耗时耗力，如果建立财务共享服务中心，这种核算职能的工作将交由统一的团队去完成，减少集团诸多公司的人工成本，同时释放出大量的财务人才进行财务管理。

随着生产水平的提高，社会经济的发展，企业也必须对内部流程进行调整来面对市场发展，而财务共享中心的出现能够有效地将公司内部流程理顺。一方

● 岳山岭，魏志丰. 财务共享服务研究［J］. 求知导刊，2018（30）：33.

面，统一财务数据，让财务数据口径变得更有可比性，更有利于业务经营数据统计，为管理者提供明确的发展方向；另一方面，财务共享中心将业务进行流程化整合，让公司得到更通畅业务流程，提高企业的运行效率。当企业规模逐渐扩大，分离出各职能片区或者增加子公司时，也只需要在共享中心中增加分支，不需要进行子公司、职能片区财务单元的设置，从而降低公司运营成本，方便管理。

（一）规模经济理论

规模经济理论，指随着当代社会经济的发展，公司生产力水平在不断提高，有能力有潜力的公司在不停扩大自身的生产规模，当企业产品数量提升的时候，相对应分摊到每个产品上的成本就会降低。所以扩充产能可以有效降低单位成本，提高企业净利润。

随着生产规模的扩大，厂家将有更多的资本投入生产技术中，使生产技术得到提升，企业规模也会逐渐扩大，职能分工也将逐渐专业化，推动着生产工具利用最大化。所以通常在一个企业的内部资产、人力等生产素材使用率达到最高时，企业生产产品的单位成本也就会最低。

财务共享服务正是规模经济理论在企业财务管理中的应用，也是现代企业财务管理体系的重要发展趋势。财务共享通过将集团各个单元财务业务进行集中，对基础的、同质化的核算业务进行集中处理，形成固定的处理模式和流程，即可以少量的人工和设备，实现对整个集团核算工作的标准化的生产，进而提升企业管理效率，实现收益增长，降低单位成本，达成规模经济。

（二）资源配置理论

资源配置理论，总体上来说就是企业将组织内部自身拥有的各种资源，以合理的规则进行配置，达到最大化、最优化地利用资源，使这些资源在企业的运行当中发挥最大的作用，给企业创造最大的价值。

财务共享中心就是对企业财务资源的重新配置，转变财务资源的现有形势，通过集中财务人员和财务核算工作的方式，达到财务核算工作的最大效率，为企业创造价值。

（三）委托代理理论

委托代理理论是指委托人为了实现自身利益，委托他人或机构，与代理方签订委托代理协议，通过代理人的优势来实现自身既定的一些目标，通常委托人会给予报酬或激励手段，而代理人则在激励奖赏下完成代理事项。委托代理在社会上的企业中是经常存在的，主要原因有两个：一方面，委托人在不断扩大生产规模，快速发展企业的过程中，一些专业性较高的工作跟不上企业的发展，如果不妥善处理的话会影响企业发展；另一方面，有很多专业性强、完成度好的代理人，能够帮助委托人处理好自身无法解决的一些问题，更好地发挥专业职能。

财务共享服务就是委托代理理论的一个实际运用，财务共享中心是代理方，集团内部的其他子公司、事业部就是委托方，通过高标准的财务职能代理，委托方将财务工作委托给财务共享中心，不仅得到了专业的服务，而且节省了人工成本，解放人才去其他岗位。

二、财务共享服务的拓展思考

（一）财务共享服务向外包服务拓展

1. 财务管理服务外包的发展概况

（1）服务外包的发展与政府推动相连。服务外包和财务共享的出发点一致，对于我国来说，在相当长的一段时间里，其人力成本是远远低于西方国家的，因此，我国也成为服务外包的重要国家选择。此外，服务外包在我国的发展和政府的推动密不可分。由于制造业外包的低附加性，使我国一直希望能够获得规模更大的、高附加值的服务外包业务，并陆续出台了一系列的政策以推动服务外包行业建设。正是二者的紧密结合、共同驱动，实现了服务外包在我国的快速发展。

（2）服务外包的人才供应增多。尽管政府在大力推动服务外包产业的发展，但仍然可以看到，在我国服务外包行业的实际环境中，人才的数量还是严重不足的。从管理学科来看，服务外包实际上处于运营管理学的范畴，但在国内，这一学科并没有得到很好的认知及建设，人才的培养主要是通过在实践中自我形成的。事实上，服务外包的人才需求分多个层次，包括战略管理类、运营管理类、技术支持类等，各层次的人才缺口都不小。但随着服务外包行业的发展，特别是多个产业集群地区的形成，在实践中培养的人员总体数量也在增加，一些大学也意识到这部分的市场供给空缺，开始有针对性地进行教育补充。部分社会机构也积极参与人才培训，特别是在基层运营和作业型人员的培养上发挥了重要的作用。

（3）国内财务外包企业的业务以境外业务为主。国内财务外包企业的进入或者建立已经有比较长的时间，但长期以来，主要的商业模式是以承接跨国公司在我国境内的业务为主。这也是因为大量外资企业进入我国后，受到我国复杂财税环境的影响，难以通过境外作业中心处理中国业务，因而聘用我国境内的服务外包商提供支持则成为不错的选择。例如埃森哲、简伯特、凯捷等提供全球外包服务的企业均在我国设立外包中心。随着这些企业在中国的逐步构建，他们也开始尝试使用中国的劳动资源去承接跨国公司的境外业务，如亚太地区业务，甚至欧美的业务。这也得益于中国的区域语言优势，以及英语和小语种教育水平的逐年提升。

（4）国内的财务外包呈现集群特征。财务服务外包在我国的发展出现了明确的集群特征，主要包括以大连为核心的渤海集群、以上海为核心的"长三角"集群、以广州为核心的"珠三角"集群。大连有日韩语言优势，上海有外资企业总部和英语及国际化的文化优势，广州则具备改革开放前期带来的政策红利。这三个地区在长期的发展中都积累了一定的优势，并且孵化了较多的服务外包企业。随着近年来东部沿海地区人力成本的持续上升，不少服务外包企业开始向中西部地区转移，如成都、武汉、合肥等地，且这种集群转移的趋势正愈演愈烈。

2. 企业选择财务服务外包的因素

（1）数据的安全性。财务数据是每个企业的重要信息，确保数据的安全性是所有企业都应重点关注的问题。且不说开放给外部组织的安全担忧，即使在企业内部，财务数据对很多部门也是保密的。在这种情况下，企业自然而然会担心如果采用财务服务外包模式，是否存在数据泄密甚至流传至竞争对手手中的可能。而实际上，人们确实很难去单纯地相信所谓企业的职业道德，在没有一套可靠的机制来证明信息安全，或者在声誉损失达到足以背书其信息安全时，国内企业是很难放心将财务数据交给一家服务外包企业的。

（2）外包成本。国内环境中，企业自行进行业务处理的成本和服务外包模式下进行业务处理的成本差异并不大，因为其核心成本构成——人力成本并不会出现量级性的差异。在这种情况下，企业会考虑怎样合理控制外包成本——进行外包后的成本收益是否能够覆盖在此过程中付出的流程转移、日常管理、风险承担等一系列成本，是否会引发外包成本超出预期的风险。

（3）企业内部知识与专业不受侵害。业务流程中蕴含了企业自身的管理思想，很多大型企业的业务流程都是在长期的管理积累以及大量的经验教训中形成的。当业务流程被外包时，也意味着外包服务商能够很轻易地获取内置于流程中的管理方法，而对于具有强烈商业动机的服务外包商来说，它们会热衷于将高效的管理流程主动复制于其他客户，以宣扬其带来的价值，或者为降低自身运营成本获取价值。在这种情况下，原本形成了竞争优势的企业内部知识和专业会遭到侵害。因而，在没有有效方式确保企业内部知识与专业不受侵害时，企业是不会轻易选择财务外包的。

（4）财务外包的服务质量。早期财务外包的服务质量都会保持不错的状况，但随着时间的推移，服务质量可能会发生或多或少的下降。当然，这和服务外包企业自身的管理水平密切相关。优秀的服务外包商会始终维持自己的服务品质，以形成市场上的长效口碑。但对于本土服务外包商来说，是否能够做到这一点还很值得考究。特别是财务服务外包市场的参与者还有不少是从代理记账和企业内部财务共享服务中心转型的企业，因此这一挑战就更大了。

3. 财务共享服务的外包服务方式

服务外包对财务共享服务中心来说，是一种可能的拓展方向。但从另一个角度来说，成熟的财务共享服务中心也可以考虑另一种选择，即将自身的一部分业务外包出去，从而获得另一种自我突破，将更多的资源聚焦于内部其他的功能拓展上。

（1）选择流程进行外包。通常来说，业务量大、重复性高、前端接触较少的流程是适合纳入共享服务的。从当前国内的实践来看，财务共享服务中心涉及的主要流程有费用、应收、应付、资金、资产、总账、报告、档案等。通常情况下，财务共享服务中心并不放心将核心流程发包，如资金、总账、报告等流程。在其他流程中，不同的共享服务中心会有不同的风险判断。从风险和复杂度的高低情况来看，自低到高通常为档案、费用、应付、资产、应收。如果共享服务中心考虑对外发包的话，通常可以按照这样的顺序来考虑。

此外，在评估是否需要外包的时候，还应考虑企业内部文化是否能够接受外包这种形式、外部是否存在一些监管问题、外包的执行成本等因素。我国企业对于财务信息的安全性以及对外寻求服务外包的顾虑还是比较重的。根据目前的实际案例，多数外包还是集中在基础流程层面，如某些公司选择将原始凭证的扫描和装订归档外包，有些公司将差旅费的审核外包。但总体来说，外包的范围在逐步地试探性扩大中。当然，也不乏个别公司敢于扩大服务外包范围，将其大多数业务流程外包给系统服务商。

（2）选择符合要求的外包商。确定好适合外包的流程后，就可以选择符合要求的外包商来进行这项工作了。评估外包商可从以下方面入手：

第一，业务流程的覆盖性。服务外包商需要有与发包范围相匹配的业务流程覆盖能力。如果服务商对发包流程有相对成熟的服务能力，对于快速接入流程并提供稳定的运营是有极大帮助的。此外，如果服务外包商对发包流程以外的业务流程有更广阔的覆盖能力，亦是未来扩大服务外包范围的良好基础。

第二，服务区域的覆盖性。由于国内大中型企业多数都是跨地域经营的，这就要求服务外包商能够对服务地域有一定的覆盖能力。如果业务流程能够进行远程处理，对地域要求相对会弱一些，但单据扫描、归档、应收流程的处理都可能存在属地服务的要求，如果欠缺属地服务的能力，则会存在一定的问题。而对于一些走出去的国内企业来说，很可能还需要服务外包商提供海外服务能力，这便对服务外包商提出了更高的要求。

第三，服务外包商的团队素质与规模。服务外包企业现有团队的基本素质决定了其承接外包流程的起点。财务的各类发包流程的复杂度是不一样的，复杂度较高的流程就需要技能更高的服务团队来支撑。此外对于大型企业来说，发包的起点业务规模很大，这也要求服务外包企业存量团队的人员规模有一定的基础，临时招聘并培训的服务外包队伍很难做好业务转移的衔接。

第四，外包商信息平台的支持性。服务外包商需要具备一定的信息技术能力，以满足服务外包时的流程处理。通常情况下，需要具备自动派工、质量管理、运营监控等功能的服务外包作业平台。此外，风险监控和服务水平监控功能能够更好地提供支持。服务外包作业平台需要能够和甲方企业的系统实现快速对接。未来，以智能作业平台为支持的服务外包商将具有更强的竞争力，通过系统作业简化人工，能够提供更低的成本和更加可靠的服务。

第五，外包商的行业服务经验。尽管都是服务财务流程，但不同行业之间的流程还是存在显著差异的。因此，在选择服务外包商的过程中，应当充分考察其是否在发包方所在行业中有经验的积累和沉淀。对于有类似行业经验的服务外包商来说，它能够更好地理解甲方的业务诉求，更快地适应其流程。

第六，外包商与发包方的语言与文化的匹配性。在一些特定的场景下，对语言和文化也有要求。特别是外资企业在进入我国后，如果要进一步选择服务外包商，就会考虑语言和文化因素，如安永在大连提供的服务外包业务能够覆盖普通话、广东话、英语、日语、韩语、越南语等多个语种。此外，文化的一致性也有利于服务外包双方的合作。如果存在文化冲突，很容易导致服务过程中的沟通困难和业务部门的理解困难。

第七，外包商运营的灵活性。对服务外包企业的选择还要考虑其是否存在运营的灵活性。一个好的服务外包商应当能够根据发包企业的需求，灵活动态地调整自身的服务状况，如必要的个性化服务的接入，应对业务波峰、波谷的不均衡等。现代服务外包越来越要求外包商具备柔性运营能力，即能够灵活地适应发包商的多样需求，具备动态的自我调整能力。

4. 财务共享服务拓展为外包服务的优势

财务共享服务中心的进一步发展路径有多种，其中很重要的一条发展路径就是财务服务外包。财务共享服务中心可以利用在建立共享服务过程中形成的运营能力，去承接其他公司的服务。

（1）国内财务共享服务了解国内财务环境。国内的财务共享服务中心主要是依托在国内长期经营的企业发展起来的，而不少财务服务外包企业是由总部在国外的服务外包商在我国设立的分、子公司。在这种情况下，来自国外单纯的服务外包企业更多的是在承接跨国公司进入我国的分、子公司的业务，服务中国本土企业时，可能会发生水土不服的问题。而依托中国本土企业生长起来的财务共享服务中心，从诞生开始就是在当地的土壤中发展的。这样的组织对我国复杂的环境有更深的理解，如国内企业中更为灵活的制度要求、更为多样的服务模式、更为复杂的财税环境。在经历过大量的历练后，这些财务共享服务中心转型为服务外包企业的时候能够更好地面对国内企业客户。

（2）财务共享服务有续航能力。服务外包企业存在破产或转让所有权的风险，而对于由企业内部组织演变而来的财务共享服务中心来说，当它们转型为服务外包企业后，通常情况下会继续服务于原有企业。一般来说，能够孵化出一个相对大型的财务共享服务中心，并且最终能够提供对外服务的企业，通常其自身规模也是不小的。在这种情况下，只要原生宿主企业没有发生大的经营风险，它就有能力去维持其财务共享服务中心的运转。这也间接使选择此类财务共享服务中心提供外包服务的发包企业多了一层保障，使其能够享受到更为可靠的续航能力，而不用过度担心外包商的存续风险。

5. 财务共享服务拓展为外包服务的路径

（1）内部模拟商业化运作。财务共享服务中心的先天优势在于其背后宿主企业的支撑，也就是说，有一块先天的试验田。在财务共享服务中心下决心走上市场化道路之前，应当充分利用自身的这块试验田来苦练内功，构建自身的商业化运作能力。财务共享服务中心可以从以下方面入手来构建能力：

首先，建立起甲乙方的协议关系。这可以通过签订服务水平协议的方式，来约定公司内部客户与财务共享服务中心双方的权责关系。

其次，尝试对内部客户进行服务收费。基于服务水平协议中间的服务承诺，以及自身的成本水平，尝试对各项服务进行定价，并在真实的收费过程中，和内部客户展开模拟商业化的对话。

最后，基于内部的新业务纳入，尝试移管能力的建立。通过对新业务纳入过程中的标准化、流程设计、人员准备等一系列能力的建立，为后续承接外部大量差异化的、复杂的流程做好准备。

（2）主动参与市场，建立机制。在形成了商业化服务的基本能力后，财务共享服务中心可以尝试性地参与市场竞争，并进行一系列的机制建立。当然，这个过程如果完全依靠自身的摸索，会消耗比较长的时间，并难以取得较好的效果。因此，财务共享服务中心要想快速地构建其能力，可以考虑借鉴一些成熟的服务外包企业的做法。想要借鉴其他服务外包企业的做法，可以考虑在试水市场的过程中边竞争边学习。一旦财务共享服务中心迈入服务外包市场，可以考虑参与一些真实的招投标项目。尽管这些项目在前期多数情况下很可能是失败的，但在这些失败的过程中，一方面财务共享服务中心可以总结自身的不足，完善自身能力；另一方面可以在这个过程中观察学习成熟的服务外包企业的做法，通过照猫画虎式的学习来获得能力。

在有了一定的基础后，财务共享服务中心可以总结完善经验教训，完成初步的商业化运作机制的建立，如市场化后的组织架构、招投标流程、市场宣传策略、绩效考核机制等。

（3）通过外购，建立系统能力。服务外包的作业系统、专业化的市场拓展人员等能力不是轻易能够拥有的。可以考虑通过外购的方式来快速建立起系统能力。对于系统产品来说，可以考虑从市场上选择合适的产品来进行平台化改造。相对于企业自己研发的系统来说，产品厂商需要满足大量差异化的需求，在设计时通常会进行产品化，因此选择一个产品化能力比较强的系统进行适当改造，成为服务外包系统平台的一种可能选择。自行培养专业化人员需要的周期太长，可以考虑直接从成熟的服务外包企业招聘。当然，由于财务共享服务中心参与外包市场，在发展前景上存在较大的不确定性，要找到合适的人员加入，往往需要付出不小的代价。

（二）财务共享服务向商旅服务拓展

财务共享服务中心的第二个拓展方向是向业务流程的前端进行拓展。在当下的实践中，一个常见的拓展方向是向商旅服务中心拓展。财务共享服务中心是财务流程的承担者，负责处理业务量大且标准化的业务。作为企业内部财务的一部分职能体，财务共享服务中心还承担着适度的风控职能。

实际上，商旅服务可以理解为费用流程的前置流程。商旅业务本身就属于高度的运营性质业务。如果财务共享服务中心承接商旅服务，实质上能够在高效运营的基础上进一步实现财务费用管控和风险管理的前置，这也是为什么实践中会出现财务共享服务中心拓展为商旅服务中心。

1. 商旅服务的发展概况

从全球范围来看，有能力面向全球提供服务的商旅服务商并不多。在西方国家，商旅服务的集中度很高。

在国内市场中，已形成了以国旅运通、中航嘉信等为代表的中外合资商旅服务商，以及以携程商旅、腾邦国际为代表的本土商旅服务商。当然，还有很大一部分市场被机票代理人、旅行社为主的中小差旅服务商占据。这一部分市场中亦出现了机票分销平台等整合商业模式，也有部分企业通过机票分销平台来进行商旅采购。

大型互联网企业在布局互联网金融过程中的介入，也对商旅服务业产生了重要影响。互联网行业在涉足互联网金融过程中的路径与传统金融业是完全不同的，其核心的商业模式是先建立起第三方的支付能力，再以此为据点进一步扩大应用场景，商旅服务刚好就是消费场景中的重要环节。

我国最早尝试将财务共享服务中心向商旅服务中心扩展的企业是中兴通讯。早在 2008 年，中兴通讯就在财务共享服务中心内部设立了商旅服务组，承担整个商旅服务流程的中台职能。通过热线为用户提供机票、酒店预订和后续服务，并基于商旅服务组直接进行机票和酒店的预订、退改业务处理。但这一模式在中兴通讯进行更大业务范围共享过程中从财务共享服务中心剥离，纳入其他共享服务板块。在后续的发展中，部分财务共享服务中心承担起商旅服务的桥梁和管理作用，仍然引入市场化的商旅服务商，但由财务共享服务中心进行内部系统对接和服务商管理等工作。从整个领域的发展情况来看，进程相对缓慢，且没有出现改变的爆点。因此可以认为，国内财务共享服务中心向商旅服务中心的功能扩展仍然处于起步阶段。

2. 信息系统打通商旅服务报销的方式

（1）采购端与产品提供商相对接。实现采购端与产品提供商系统对接的方式有多种，例如以下两种：

第一，在产品中嵌入商旅服务商的开发面。这种模式可以理解为一种伪接入，用户无法干预嵌入页面的系统内容。当然，如携程等会为企业提供商旅服务后台，后台中可以由用户维护自己的独有产品，如协议酒店等。这种模式的优势是能够快速地开发实现，但不足之处是受到服务商的制约，往往会被一家独大的供应商"绑架"，企业也很难在多家商旅服务商中进行比价。

第二，直接与产品原始供应商进行数据连接。这种模式适用于商旅采购量大的企业。接入数据后，在企业内部系统中搭建中台，进行产品比价和价格最优产品的上架。这种模式能够使企业获得更大的采购收益，也能够避免用户针对垄断供应商的非最优价格投诉。

（2）采购端支持总对总结算与发票的统一。在传统模式下，机票、酒店都是由员工先行垫付后，获取机票或发票再进行报销，报销款支付到员工个人账户。这极大消耗了全流程的工作量，对企业来说是不经济的做法。对于有谈判能力的企业来说，应当考虑与供应商进行总量结算和统一发票的开具，简化大量业务人员和财务人员的交易处理。

（3）企业端获得类电商模式的支持。融合后的商旅服务系统本质上是一个电子商务系统，因此应当充分考虑用户的使用习惯和支付方式。市场上的类似产品都会保留移动端和 PC（个人计算机）端两种服务模式，并能够灵活地支持多种在线支付工具的使用。在产品设计上，需要充分考虑用户的操作便利性和响应速度，以提升用户感受作为重要的设计标准。

（4）企业端与费用报销系统进行连接。当下的商旅产品多数都实现了和企业自身费用报销系统的紧密集成，甚至不少产品自身就带有一套费用报销系统，提供给客户"端到端"的解决方案。这种集成并不是简单的一个接口的事情，而是要做到一体化的无缝衔接。要做到企业端与费用报销系统之间的连接，需要注意以下三点：

第一，差旅费报销单据是基于商旅系统中的订单信息自动创建。用户在完成出差后，可以选择已经执行完毕的订单，并在补充其他信息后直接创建报销单。这个过程中，报销系统需要校验订单是否已经真实完成。

第二，报销信息能够回盘至商旅系统。紧密衔接模式下，当基于订单创建的报销单进入流程后，商旅系统中的订单状态将被锁定，以避免发生重复报销，而后续如发生报销审批退单的情况，应同步调整商旅系统中订单状态为"可用"。

第三，商旅订单需要支持报销时的特殊场景。在报销过程中会发生一些特殊情况，如多人出差、一人付款，秘书代领导报销等。这些特殊情况都需要在商旅系统中对订单做一些特殊处理。如针对第一种情况，统一预订并付款的人可以将一笔订单分拆，并将其中的部分金额推送给实际发生人去报销。针对第二种情况，可以将订单记录推送给其他人代为报销，或者授权他人代为报销。这些细节在两个系统交互的过程中还有不少，需要架构师在产品搭建过程中仔细考虑。

（5）企业端支持审批与预算控制。商旅系统的企业端需要能够支持事前审批的流程，并在这个过程汇总进行预算的控制。这种情况下，当用户提交机票或酒店订单后，并不直接进行交易处理，而会先提交其主管领导进行审批。商旅系统在这个过程中需要和预算控制系统进行交互，一旦领导审批通过，需要进行预算的占用。通过这种方式，企业能够实现对费用的事前管控，而不是员工已完成差旅行为后，再回过头来检讨是否应该出差。除此之外，预算控制的占用还应当配合后续的实际执行与报销进行的金额的修正。

（6）企业端有自动记录不规范商旅行为的功能。在用户的商旅订单中可能会发生一些与企业现有财务制度不一致的情况，或者尽管合规，但是高成本开支，如订全价机票、发生退改签费用等。作为商旅系统，应当能够配合后续的财务管控进行信息的采集，并在后续报销过程中给予提示。通常的做法是由系统提供话术选项，当出现设定的特殊情况后，要求用户说明理由，可以由用户在在线系统上自行选择，或者由客服人员在系统后台选择。这些信息能够为后续的商旅费用管理分析提供重要的数据支持。

3. 财务共享服务转型商旅服务的准备

（1）政治方面。任何一项变革的进行都可能触动现有群体的利益。商旅服务从发展的历史沿袭来看，并不是走财务的线路。多数企业都是由办公室负责管理，当企业规模壮大后，办公室或行政部则引入外部供应商提供驻场服务，甚至成立独立的商旅服务公司，这都与财务无关。也有一些公司把这个事情交给采购部门来管理，这是从商旅服务采购的逻辑出发的。

（2）工具方面。工具上的准备是指建立商旅系统，具体方式有自己开发和外购产品两种。

第一，自己开发。如果选择自己开发，那么这对企业内部的 IT 能力要求很高。整个系统平台需要能够实现完整的商旅流程处理和采购端产品及报销流程的对接。这种量级的系统平台的建立，工作量相对较大，且具备一定的开发难度。选择这种技术路径的企业，要么是 IT 非常强势，且有足够的技术能力，坚持内部系统走自主开发路线；要么是未来有对外提供服务的想法，希望自己能够拥有完整的产品自主权，避免未来受制于人。如果不是这两点，可能需要权衡是否有必要自主开发，是否走外购路线更合适。

第二，外购产品。如果选择外购产品，那么市场上通常有云服务模式和软件本地部署模式。对于大中型企业来说，选择云服务模式往往会存在一定问题，实现和自己内部系统的对接和定制化改造比较困难。中小企业大可考虑使用云服务模式，从而有效降低系统的应用成本。市场上的本地化部署产品并不丰富，云服务模式的产品在近年则呈现爆发式的增长。如果本地化的产品无法选择到合适的，也不排除走上自主开发的道路。

（3）心理方面。商旅服务与财务服务之间具有一定的相同之处，也存在一定的差异性。例如，两者的服务水平与服务标准之间就存在较大的差异，商旅服务对服务水平和标准的要求都较高。因此，财务共享中心在承接新业务前要做好充分的心理准备。一方面，财务服务在很大程度上带有一定风险管控的成分，而商旅服务更像是一种纯粹的服务，要求自然也更高；另一方面，财务服务对时效、质量的容错率更高一些，即使操作失误，只要没有构成大额的损失，在后续检查中还有补救的机会。但商旅服务不能，企业对员工出差的时效要求是很严格的，通常订单下达后，需要得到及时的回应，否则很容易引起不满。

4. 财务共享服务参与商旅服务的模式

（1）让财务共享服务成为纯粹的服务端流程支持方。在这种模式下，所有的商旅服务都是由财务共享服务中心以外的第三方来完成的，如国旅运通或者中航嘉信这样的商旅服务公司。基于双方的系统对接，商旅服务的信息流和财务是能够打通的。当第三方机构完成商旅服务，用户也完成差旅行为后，后续的财务结算、报销、核算等一系列流程就需要交给财务共享服务中心来完成。这种模式下的财务共享服务中心实际上承担的还是类似传统费用报销流程的作业处理，可能唯一的改变是由逐笔进行业务处理转变为总对总结算后的批量处理模式。尽管交易量减少了，但需要增加交易核对的处理流程。总体来说，这种模式对财务共享服务中心的要求最为简单，甚至谈不上什么改变和功能拓展，仅仅是对新商旅模式的一种配合而已。

（2）让财务共享服务承担订单处理与售后服务工作。在这种模式下，财务共享服务中心需要搭建一个中台的服务团队，嵌入在供应商和企业内部员工的中间，承担起承上启下的重要作用。对于外资的商旅服务商来说，如果没有企业端自建中台的话，通常情况都是由商旅服务商来承担这项工作。商旅服务商通常会按服务次数收费，且收费标准不低。例如，国旅运通、中航嘉信等通常都会在非工作时间收取额外高昂的服务费，有时候一通电话可能达到数十元的收费。财务共享服务中心承接中台服务后，替代的就是上文所提到的原本由商旅服务商提供的服务。用户通过在线系统或者电话提交订单，财务共享服务中心商旅团队在接到订单后进行机票或酒店的预订处理，并负责与用户就特殊情况进行及时的沟通。当完成预订后，用户在实际的差旅过程中可能会发生必要的退改签情况，财务共享服务中心需要能够及时地进行业务处理，保障用户的商旅行程。

（3）让财务共享服务承担采购端的采购与供应商管理工作。在这种模式下，财务共享服务中心彻底承担了商旅流程端到端的管理工作。对财务共享服务中心来说，实际上是从单纯的运营管理向采购管理的范畴涉足，因此也会存在一定的争议。比较介意这种做法的一方认为，财务涉足采购是一种职能上的越位，它在这一领域兼有了运动员和裁判员的冲突身份。而对此支持的公司认为，财务成为差旅费流程完整的流程属主，能够更好地发挥全流程端到端的服务和管控。

商旅采购的管理工作并不简单，此处以酒店采购管理加以说明。酒店的采购渠道基本上都是分散的，采购价格也都是由酒店本身决定的。企业很难通过统一的谈判，拿到自己想要的折扣。对企业商旅服务来说，通常的做法都会区分协议酒店和大平台的会员酒店两类。协议酒店是指企业直接和酒店进行洽谈，基于自身的采购量来获取优惠价格的一类酒店；会员酒店通常是指如携程等大平台作为服务通道积累的酒店，可以作为协议酒店的补充。对财务共享服务中心来说，介入酒店的采购管理，需要进行大量的协议酒店的洽谈和后续管理。由于协议酒店都分布在用户差旅的目的地，要完成此项工作异常复杂。简单的做法是可以考虑委托各地机构代为洽谈，财务共享服务中心进行审核，对于大的连锁酒店则进行统一谈判。如果深度介入，则需要有专门的采购团队来完成此项工作。

（三）财务共享服务向司库方向拓展

司库是资产负债管理的一个组成部分，指全部资金及其利率风险、流动性风险、汇率风险的管理。标准的传统财务共享服务中心包括资金收付流程，但司库的概念远远不止这些内容，而且也并非所有司库的职能都适合财务共享服务中心处理。因此，财务共享服务向司库的拓展需要一个合理的尺度。

1. 适合财务共享服务向司库拓展的方向

对于财务共享服务中心来说，司库是一个可能的职能拓展方向，但并不是说财务共享服务中心可以简单地转身就成为司库。对司库来说，有不少职能可能并不适合财务共享服务中心来处理。财务共享服务中心处理业务流程的特点是标准化、重复性高、业务量大。即使考虑到对财务共享服务中心职能定位的提升，使其能够承接一部分对技能要求略有提升但并不具有过高复杂性的业务，也仍然无法完全替代司库。因此，更需要考虑司库的哪些职能是可以由财务共享中心来处理的。司库中心分为基础司库中心和增值司库中心两种。其中基础司库中心基本处理的是不复杂但又超出传统财务共享服务中心职能范围的业务；增值司库中心则是处理一些较为复杂的司库业务的职能中心。对于财务共享服务中心而言，成为基础司库中心是其进行职能拓展的良好方向。

2. 财务共享服务向司库拓展的具体方式

（1）在资金账户上从保管使用变更为管理。在财务共享服务模式下，财务共享服务中心更多的是负责账户开立后的使用职能。通常由财务共享服务中心以外的团队，如分散在各个机构的资金部门或岗位开户，将开户后的 UKey ［Ukey 是一种通过 USB（通用串行总线接口）直接与计算机相连，具有密码验证功能且可靠高速的小型存储设备］和密码等信息移交财务共享服务中心统一保管和使用。在这个过程中，财务共享服务中心处于一个相对被动作业的位置。财务共享服务中心转变为基础司库中心后，资金账户从保管、使用转变为管理。这种管理体现在账户开立、变更、注销的集中处理，如临柜办理账户开、销、变业务，进行业务处理后的资料档案的集中归档。

在进一步考虑职能提升后，可以赋予财务共享服务中心与各银行直接进行行业务洽谈和关系管理的职能，当然这种银行管理主要还是在账户层面。涉及融资的银行关系维护，则属于增值司库中心服务的范围。因此，在账户的管理职能上，财务共享服务中心从一个保管者和使用者的身份转变为一个管理者。

（2）在资金计划与头寸上从执行者变为预测规划者。在财务共享服务模式下，资金计划以及资金头寸通常由分散在机构的资金部门准备和提供，财务共享服务中心则在资金支出过程中将实际支出与计划匹配，在资金计划不足时进行支出控制，在头寸不足时及时地申请和调拨。而作为基础司库中心的定位，资金计划和头寸不再是简单地执行控制，而是涉及了具体的预测、规划和管理。对于现金流预测来说，本质上是基于信息输入，结合影响因素，通过模型来进行结果模拟的过程。在这个过程中，输入主要包括已经下订单的采购记录、销售记录、托收资金流入计划、人力成本支付计划、费用支付预测，以及司库中的对冲、内部债务、股息等资金流动因素。在对这些输入进行预测的过程中，还会受到供应链断裂、商品价格、季节性、特殊事件、需求变化、信用事件甚至全球市场事件的影响。因此，财务共享服务中心在这个领域的拓展已经不再是简单的执行，预测工作具有更高的复杂性。要做到上述完整的预测并不容易，但起步也没有想象中那么困难。例如，在国内的实践中，已经有一些财务共享服务中心开始基于掌握的费用支付数据进行费用资金预测，这就是一个不错的开始。

（3）促进资金集中和基金池的管理。当财务共享服务中心向基础司库中心转型后，推动资金集中和资金池管理的职能也将由财务共享服务中心来担负。资金池存在的目的是以一种有效的方式来改善公司总体的资金流动状况或者处理净盈余。当承接资金池管理工作后，财务共享服务中心需要承担日终结算头寸的计算工作，根据计算结果所体现的资金池的盈余或亏空，来进行资金的进一步调配。

从运营模式来看，财务共享服务中心是能够胜任此类工作的，但如果进一步承担资金池的设计、构建等初始工作，以及后续的架构优化工作，则会有一定的挑战。此外，资金集中也是财务共享服务中心拓展至司库后的一项职能。资金的集中能够充分利用企业分散在各机构的存量资金，减少公司整体的融资压力。

比较理想的资金集中是从账户层面就尽可能地减少分散资金账户的设立，将资金归拢到统一的账户中。通常情况下，资金的支出户是比较容易集中的，但收入户集中面临的挑战会比较大，受到各地客户资金收取的需求影响。另外，一些出于特殊目的而设立的账户也难以消除，如为维护与银行的关系而设立的时点存款账户等。而在账户尽量精简后，可以进一步通过资金的上划下拨管理来实现资金的集中运用。财务共享服务中心拓展至基础司库中心后，无论是在资金账户集中的推动上，还是在资金上划下拨的操作管理上，均可以发挥重要的作用。

（4）资金对账职能由对账操作拓展为主动掌控。财务共享中心向司库拓展后，在资金对账职能上的表现是从单纯的对账操作拓展到主动掌控的层面。在财务共享的服务模式下，财务共享服务中心需要核对每日的银行收支与系统中的资金收支凭证。这种工作仅停留在核对的基础层面上，而基础司库中心则将资金对账上升到资金操作风险管理的层面。也就是说，当财务共享服务中心实现了向基础司库中心的职能拓展后，不仅需要完成资金核对的基础工作，更要负起资金操作风险管理的责任。

财务共享服务中心日常的资金对账能够为进行资金风险管理提供有力的数据基础，但也要求其关注细节，一旦在对账过程中发现操作风险的线索，就要立即加以重视，要以点带面地去分析并解决问题，防止此类问题的再次发生。要做到这一点，财务共享服务中心需要有高度的主动管理意识，彻底改变原来被动执行的观念。同时，需要从技能和工具上进一步提升自己的资金操作风险管理水平。

第二节 财务共享服务模式及其实施策略

一、财务共享服务模式的影响与发展

（一）财务共享模式的影响

1. 财务共享模式对内部控制的影响

"为了提升企业市场竞争力，企业要充分践行财务共享服务理念，打造更加科学合理的财务管理体系，为企业财务综合控制水平的优化提供保障。"● 在财务共享模式下，企业财务流程必将重组和再造，企业内部控制的管控要点也将发生转移，同时，在企业信息化的背景下，传统的内部控制方法已经不能满足要求财务共享中心在信息流上的管控需求。

（1）对内部控制的影响分析。在财务共享模式下，企业集团的核算流程、财务管理等活动都进行了重构，必然也会促进企业内部控制体系的改革，财务共享模式对内部控制的影响既有积极的一面，也有消极的一面，其中，积极方面的影

● 林媛. 财务共享服务下企业财务管理分析 [J]. 技术与市场, 2022, 29 (5): 161.

响如下：

第一，财务共享模式促进了内部控制制度的完善。与传统模式相比，财务共享模式需要更高水平的内部控制，这将促进公司内部控制制度的完善。实施财务共享后，公司需要将内部控制融入财务管理，建立健全内部控制审计。基层单位负责原始凭证的初审，以便有效地将审批负责人与经营者分开，减少腐败和贿赂的发生，防止基层单位的财务人员为了自身需求而篡改财务信息。财务共享模式使企业的战略规划得到了统一，有效消除了信息传递的低效率问题，提升了项目决策的事前控制能力。另外，财务共享模式的实施还可以使企业在信息技术的帮助下，使集团总部对各分支机构、子公司的经营管理情况的监控更加及时到位，实现有效控制和防范风险的目标。

第二，财务共享模式拓展了内部控制内容。大数据时代的来临，使不同形式的数据得以生成，企业集团各分支机构信息易获取，数据资源丰富而全面，企业的内部控制审计更加注重对内部控制风险的评估，以确保内部控制制度设计的科学性和合理性。另外，通过对大数据分析功能强化了对行业整体发展情况的观察以及发展规律的探索，提高了企业对相关制度制定的预见性意识及理念，使得众多企业的内部控制制度具有更多的可比性和参考性。因此，大数据的发展使得内部控制的内容不断向外衍生，审计内容更加多样化。

第三，财务共享模式强化了企业内部控制监管。在财务共享模式下，业务流程更加标准化，分工更加精细，使员工的效率和熟练度进一步提升，财务人员可以更多地关注战略会计和管理会计的工作，为企业管理者提供更高质量的财务信息，分支机构和子公司的费用和支出得到削减，大幅度降低了集团整体的运营成本。财务共享模式主要依靠信息技术使流程标准化和规范化，进一步加强了对各分支机构财务状况的监督和管理，有利于控制子公司的经营。在财务资源高度整合的基础上，财务共享模式降低了人为因素带来的内部控制风险，为企业战略提供了支持。

虽然财务共享中心带来了成本的降低和效率的提升，但也带来了一些内部控制管理问题，这就需要管理者更加重视管理程序的规范化和财务信息的安全可靠性。

（2）对内部控制的要求分析。

第一，财务共享对内部控制质量提出了更高的要求。实施财务共享模式之前，财务信息分散在各分支机构，这些信息从一个层次传递到另一个层次的过程中进行了多次审核，出错的概率相对较小。实施了财务共享模式以后，信息实现了高度集中化，这使员工的小失误可能会带来巨大的损失，因此，企业必须改变原有的内部控制制度，强化岗位责任制，减少人员操作失误，全面提升内部控制质量。

第二，财务共享更加重视内部信息沟通和传递的安全性。财务共享模式的实施强化了企业对信息技术的依赖性，信息技术的发展使得企业具有较高的信息处理效率，而且降低了人工成本，可见信息技术在内部控制中的地位更加重要。然而，由于当前信息技术发展得不完善，信息网络安全存在很大的隐患，财务共享中心汇聚了企业各分支机构大量的财务信息和核心资料，其中许多资料都是企业的核心机密，而病毒和黑客的攻击等事故将严重危害企业的财务信息安全，恶意获取信息和篡改财务信息将给企业带来较大损失。这就要求企业必须及时升级硬件防火墙等设备，同时在内部控制方面，组织专门人员对各业务流程进行准确的审计和内部控制监督，明确各部门和岗位的职责，保证财务共享模式的规范化运作，降低信息泄露风险。

第三，财务共享对内部控制人员提出了更高要求。在大数据背景下，企业的内部控制变得更为复杂，企业人员通过不同系统，可以更多更快地深入渗透到企业内部控制的角色中，使企业内部控制不再独立。此外，大数据应用带来的数据管理、储存、授权风险、数据出错或处理错误等特别风险，也对企业内审人员的职业素养、工作技能等方面提出了更高标准。这时，企业的内审人员需要提升职业技能和辨识能力，拓展自身优势，增强对数据的处理和分析能力，更好地识别企业的内部控制缺陷，从源头提高内部控制审计的有效性。

另外，财务共享模式使基层财务人员减少，导致分支机构部门之间沟通成本相对增加，可能导致业务支持能力不足和内部控制功能不能有效发挥的潜在风险。因此，如何调整企业集团与分支机构的关系，加强基层财务与集团财务的整合，也给企业管理带来了挑战。

2. 财务共享模式对绩效管理的影响

（1）财务共享模式需要绩效管理的变革。财务共享模式在我国的发展刚刚起步，在建立和实施初期，大多数企业都遵循了以往的绩效考核模式，即各业务部门单独考核，缺乏对整体战略目标的考虑；传统的财务考核指标仍然在被沿用，如资产负债率、净利润等，企业绩效评价没有与时俱进进行改变。此外，传统的绩效考核模式本身也存在着诸多问题，如财务指标的过分重视、绩效管理指标缺乏动态性、缺乏考核员工发展水平的指标等。实施了财务共享模式以后，企业的组织结构、运作流程、人员变动和岗位设置都进行了重构。显然，早期的绩效评价体系已经不能适应财务共享模式的发展需求，需要与时俱进不断改革。

此外，相对于西方国家，我国财务共享模式的发展还处于初步探索阶段，财务共享的绩效管理体系还不完善，这也是有待研究和探索的问题。

（2）财务共享模式需要全面的绩效考核指标。财务共享模式的发展是企业财务业务标准化和规范化的过程，每个业务都是相互联系的，具有承上启下的作用，目标性很强，与传统业务部门的区别在于其更加关注客户需求和发展指标。因此，有必要从企业的战略高度考虑，科学合理设计绩效评价指标，可以综合考虑企业加工效率和质量产出。单独使用财务指标难以反映财务共享模式的成本优势以及各业务部门的实际绩效，必须加入非财务指标。

第一，财务共享模式下的绩效评价必须确保产品和服务能充分满足客户的需求，提高客户满意度和市场竞争力。

第二，低层次的财务共享模式服务于内部管理需要，是为企业集团的子公司和分支机构的业务服务的；高级形式的财务共享服务同时服务于内部和外部需要，对外接受财务共享服务的外包业务，是企业价值增值的部分。

因此，对内和对外的服务标准难以规范化，对于绩效评价来说需要全面考虑。

（3）财务共享模式需要完善的绩效管理考核标准。为了保证财务共享服务模式的有效性得到充分发挥，绩效管理设计者需要结合财务共享服务工作流程，制定相应的工作量和质量评价标准，以确保其质量达标。此外，企业是一个动态的运行主体，企业的管理模式随着经济的发展也在不断变化，共享服务应根据企业的战略变化，如工作内容、员工需求、服务标准等的变化进行动态调整。因此，财务共享服务的绩效管理考核标准也应进行变革和调整。然而，目前大多数企业采用的绩效管理体系仍停留在传统的会计信息化时期，一些企业的绩效管理评价指标在确定后，长时间保持不变，这难以适应财务共享模式的变化，甚至会对企业的长远发展产生负面影响。

（4）财务共享模式需要可量化的员工绩效考核管理。通过与内部客户签订内部服务水平协议，财务共享中心建立了新的客户导向和客户服务模式，且工作重心发生了明显的变化。财务共享模式的实施使企业财务人员的地位发生明显变化，核算工作由财务共享中心的专职人员完成，大量的财务人员解放出来从事管理、预测和决策工作，且不同岗位的财务人员具有不同的素质、技能、评价和业绩要求。一般来说，企业对财务管理职位的财务决策要求最高。财务共享模式使核算工作从单一的会计信息质量要求转变为多元化、更高级的标准。

因此，传统的员工绩效考核管理已经不能满足财务共享模式发展的需要，需要结合财务共享的目标和不同岗位的工作要求，改进量化的员工绩效评价指标。然而，财务共享模式的发展要经历设计、试点、实施和运行等阶段，在不同的阶段将有不同的绩效考核方法和优先次序。企业高管应根据财务共享模式的不同发展阶段，对不同类型的员工实施不同的绩效考核方法，以实现这一时期的企业战略发展目标。

（二）财务共享模式的发展

1. 我国财务共享模式的发展

20世纪末，随着全球经济的发展以及外资企业在国内的数量日益增加，共享服务这一先进的管理理念逐渐引入国内企业，并得到很多本土跨国企业的极大关注和广泛应用，财务共享模式在国内的地位日益提升。

（1）财务共享理念的引入与发展。随着全球化进程的发展，外国跨国公司在中国的业务和分支机构不断扩大。在进入中国市场的同时，它们也把先进的管理理念融入到我国的企业管理中。随着国外咨询公司和跨国公司外包服务的发展，惠普、埃森哲、强生等大型企业集团都在我国成立了财务共享中心。这些国外知名企业财务共享服务模式的实施给我国企业带来了很多启示，使我国企业也开始构建财务共享服务，并逐步地与国际企业接轨，享受到集约型财务共享模式给企业带来的便利和共享效益。财务共享模式在我国起步较晚，2005 年，中兴通讯建设了国内第一家财务共享服务中心，将大量的基层财务人员从繁杂的业务处理工作中解放出来，实现了彻底的财务转型和流程再造。到目前为止，越来越多的中国企业已经开始建立金融共享服务中心。

（2）财务共享模式在国内集团企业中快速发展。随着科学技术的迅猛发展，经济全球化的进程明显加快，在这个大趋势下，财务共享模式在国内集团企业中不断发展，继中兴之后，海尔、美的、国泰安、中国移动通信集团等大型企业也相继进行了财务共享模式的实践。目前，我国大多数企业的财务会计业务规范化、流程化程度较高，许多大型集团企业借助网络信息技术，已经实现了单位内部财务数据信息共享机制，把所属子公司的财务状况全部列入母公司的核算管理中，进而保证企业集团财务核算目标的协调性和一致性。

综上所述，随着企业规模的扩张、股权结构的日益复杂、分支机构数量的增加，大型企业集团普遍存在成本控制难度大、财务风险增加等问题。为了解决这些问题，财务共享模式已成为国内外大型企业降低成本、提高竞争力的有力途径。虽然财务共享模式已经渗透到我国各行各业，但与国外实力雄厚的大型集团相比，我国企业刚刚走上财务共享快速发展的轨道，未来还有很长的路要走。

2. 财务共享模式的发展趋势

（1）流程的柔性化和自动化。随着大数据和信息技术的不断进步，越来越多的重复性财务工作被认为是价值较低的，因此，财务机器人和自动化技术不断涌现，财务共享服务中心的流程将逐步向支持柔性化、自动化的工作方向发展，从而进一步满足服务客户的个性化需求。柔性化和自动化的目标是逐步改善仅支持标准化的流程，改善原有的刚性化的管理模式过程中的缺陷。因此，财务共享中心的未来发展趋势是绝大多数工作将由机器人程序代替，最终，它将变成一个自动化的财务工厂。

（2）岗位的虚拟化和碎片化。由于财务工作的复杂性和特殊性，投资决策、预算管理、资金筹划等高级财务管理人员的工作短期内并不会被财务机器人所取代，并且财务机器人的发展刚刚起步，未来很长一段时间之内，财务共享服务中心的工作也仍然以人类为主。随着计算机、网络、大数据技术的发展，未来的移动办公、虚拟办公模式将成为主流，替代现有的繁杂、低效率的财务处理模式，财务共享中心将成为未来主流的财务处理模式，财务岗位也呈现虚拟化、全面化、碎片化的趋势，员工可以在不同的国家和地区办公，而不必拘泥于固定的场所，这将为企业节省大量的房租成本。

（3）运营服务的外包化。共享服务模式可以将企业的处理流程进行集中核算，使业务单元集中于主要经营业务，有利于企业核心竞争力的提升。现阶段，财务共享服务大多由大型企业集团实施，这些企业的业务范围广，有利于采取高度规范化的业务流程，成本节约效果明显。如果企业规模较小，则难以承担初步建立共享服务中心的巨大投资成本。

此外，中小企业的业务流程经常会发生变化，且大多存在不规范的情况，采用财务共享不符合成本效益原则，后期经营无法弥补初始的成本投入，即使能够收回投资，但由于自身业务规模的限制，其实施财务共享服务的效率和效果也落后于大型企业集团，但中小企业可以在高级市场模式下采取财务共享外包服务，即将部分财务业务外包给专业共享服务提供商，既避免了最初的大规模投资，又具有节约成本、提高服务质量的优势。对于大型企业集团而言，当财务共享服务中心的运作成熟时，也可以考虑向外界提供财务外包服务，获得更多的利润，促进外包管理模式的发展。

（4）平台的集成化和云端化。财务共享强调财务管理职能与专业财务共享中心管理的分离，然而，许多分支机构的财务信息系统和业务信息系统已经深入集成。为了解决专业化与集成化之间的矛盾，财务共享中心平台必须融合企业所有的信息系统，而且信息系统的有机组成部分必须与企业的外部环境系统相结合。一个有效的解决方案是将各个分、子公司的财务共享信息系统和 ERP 系统作为一个整体迁移到云中，并在云平台的帮助下交换业务和财务信息以及内部和外部信息。

（5）服务的一体化和融合化。随着财务共享模式的发展和成熟，财务共享中心和其他部门向单个综合中心融合的趋势越来越明显，财务共享中心的服务内容也越来越丰富。除了传统的应收应付、资产管理、费用报销、现金管理等传统业务外，还融入了更有价值的工作，如财务预算、税务筹划、资本运营、风险管理等，这些高价值工作需要与管理会计和业务进一步融合。

二、财务共享模式的实施策略

下面以某银行为例，探究财务共享模式的实施策略。

（一）提高风险控制能力

1. 风险控制环节前移

目前对财务核算的风险控制多以事后为主，并通过每年的财务检查和审计来实现。可以优化风险控制环节，将控制环节前移到事前和事中。

（1）事前控制。在报销系统中开发电子签名功能，业务主管首先要审批报销申请，并在系统中做电子签名背书。可以根据单据特点，如单据中填写的收款人名称，对同一收款人的报销累计金额、单笔报销金额等，在报销系统中嵌入控制规则，比如在一定时间段内对同一收款人报销申请超过一定次数，单笔报销金额达到一定金额，则触发多重审批，增设一名财务人员承担事前审批环节复核角色。通过将风险控制前移到事前审批，可以更早识别风险，将更多的风险拦截在事前。

（2）事中控制。将风险控制环节前移，可以与业财深度融合同步推进。业务将各自涉及的业务场景及核算诉求充分表达，财务人员接收后适配核算方案。这是业财深度融合的关键环节，通过这个环节可以实现诉求充分沟通，信息双向交流。①财务人员在制定核算方案的过程中可以针对关键指标提前识别安全范围，借助金融科技将临界值打点到系统前端，实现系统控制。针对关键指标建立预警模型，达到临界值后系统自动报警，如 MPA 审慎监管模型，流动性指标模型等。②财务人员可以提前识别高风险业务类型，针对高风险业务配置事中拦截规则，嵌入系统中，对高风险业务增加审核层级。

（3）事后控制。共享服务中心要针对各业务流程出具完整的质量控制制度，通过事后检查方式，如复核、抽检、突击检查、交叉互检等对业务处理结果有一个阶段性的把控。将作业质量纳入财务员工考核 KPI 体系，核算质量与考评结果强相关。定期召开质量专题会，对于近期问题进行总结分析。针对问题场景安排专人输出案例编制成册，以供学习查阅。

2. 保障财务监督职能

在银行财务共享组织架构中，财务会计部和财务共享服务中心同时作为财务共享的财务组织，前者负责财务管理和监督，后者负责财务核算与执行。考虑到该银行的经济体量远小于中国建设银行，在对该银行进行财务组织架构设计时并未保留财务会计部门，而是将所有的财务相关工作归集到总行和一级分行财务共享中心，这就要求财务共享中心在做好财务基础核算工作的同时，也要充分发挥财务管理与监督职能。

3. 加强人员权限管理

（1）财务共享中心一体化平台作为一个开源平台，承载了前端各业务交互后传递过来的财务数据，用户可以在该平台查询到各模块数据信息，也可以在该平台直接对数据发起修改，因此对员工权限管理至关重要。为了确保财务共享平台数据准确安全，建议在推行共享的过程中对各条线作业人员岗位调整情况定期审视，可增设专门的权限管理人员，对财务人员权限定期盘点，失效不匹配权限，确保"权随岗走"，而非"权随人走"。

（2）当前，前台因涉及现金交易，对柜员权限管理要求较高，权限问题不明显。但后台核算侧，由于主要对接分行内部财务核算业务，不涉及现金交易，财务报销系统，SAP核算系统多人登录共用权限问题突出。如外包人员借用权限登录报销系统提交单据报销申请，增加了人员管理难度，加剧了外包人员道德风险。针对这一问题，可在推行财务共享时，前后台采取相同的权限管理控制机制，权限专人专用，根据指纹+密码安全等级组合设置，杜绝借用权限报销现象。

（二）利用大数据提升信息处理能力

在财务共享深入发展的过程中，需要借助如业务系统、财务报销系统、集中采购第三方系统等来实现共享需求。在引入系统的过程中，我们会面临信息管理问题。

1. 从数据源头提高信息准确度

加快信息流动，避免信息不对称，保证数据源信息准确。比如财务报销，现在就有很多业务人员因为不了解报销流程，随意填写申请，给财务人员审核带来困难，这也是财务报销集中共享过程中的一个困难点。针对这个问题，可以从以下方面着手解决：

（1）通过必修的财务报销课程对业务人员赋能，让业务更了解财务。

（2）财务核算要求应根据国家财务政策不断调整。对于变化点要及时共享，可以在财务报销系统中增加信息共享模块，对于变化点在做好知会的同时及时刷新到该模块。

（3）配合财务咨询量的增长在共享中心设立客服团队，专门针对业务人员咨询做实时响应。整理报销标准模板并将常见问题整理成 Q&A 刷新到报销系统首页，供使用人填写时参考。

2. 多手段并行，提升安全性能

（1）在共享中心职能架构中增加数据安全类支撑职能，由专门机构负责系统后台数据保护，对后台数据库定期做好安全维护，配合系统升级安全性能测试，对外部人员攻击等实时监测。

（2）建立信息异常场景处理机制，定期对全员开展信息安全培训，要求作业人员具有初步识别信息安全异常能力，并及时升级处理，控制信息泄露风险。针对和第三方开发的平台，和第三方签订信息保密协议，定期审视评价第三方平台系统运维情况，识别系统漏洞，与第三方后台维护人员做好联动配合，同时将系统安全与稳定性能评价作为合作关系评价的输入项。

（3）建立应急管理系统。在共享平台搭建数据处理系统的同时，另外建立一套数据库作为备份。两套数据库之间不发生交互关系，共享平台各业务系统同时向两套数据库推送数据。当黑客入侵时能在不影响业务运行的前提下迅速冻结被入侵数据库，启用备份。应急程序流程应尽量简单，减少无谓的流程耗费，减少信息链传递层级，使得信息能较快到达决策层。

（三）强化项目团队建设

1. 明确职责划分

搭建一支高素质项目支撑队伍，首先要获取管理层的支持。管理层支持对于项目持续推进具有至关重要的作用。财务共享模式的优化涉及财务、人力、科技、业务等多条线，需要借助管理层的支持将各条线凝聚起来，组建支撑团队，各条线共同配合，积极协作，共同推进。要在项目团队内建立管理层和执行层，根据流程关键节点设立不同小组，明确划分各自职责。管理层负责全面规划业务流程，整体统筹进度，保证实施，执行层根据各自职责各司其职，负责推行计划的落地执行。

2. 完善配套制度

财务共享的有效推进离不开健全制度的有效支持。要持续建立健全财务共享配套制度，定期审视现有流程和系统建设，保证制度与业务流程衔接，与业务系统适配。定期梳理现有操作步骤和环节，保证制度在流程框架内有效运行，并对制度运行的效果进行合理评价，及时纠偏以实现控制目标，增强制度对于共享推进的硬性约束。

3. 充实IT力量

财务共享中心平台将各系统集合在一起，不同系统间相互联动，读写数据，会存在系统不兼容问题。因此，应大力充实IT力量：①对共享平台系统进行定期检测和维护，定期评价系统稳定性和兼容性，及早发现风险信号并予以应对。②定期审视平台上各系统的连接情况，确保各相关系统在该平台能建立持续交互关系，不相关系统在该平台互不干扰，各自作业，作用于不同的业务模块。

（四）加强人才队伍建设

1. 人岗匹配管理

随着集中共享逐步推进，财务共享范围逐步扩大，财务人员岗位分工与职责也会随之调整，这就要求人力资源部门及时做好财务人员定岗定级工作。明确财务共享组织内各岗位职责和财务人员个人岗位等级，做到人岗相适人尽其才，确保财务人员作业边界清晰，财务组织管理层级清晰。

2. 增强人员流动

行内培训资源在各条线内开放共享，设置各业务条线必修科目。如对业务人员，设置行内财务核算基础流程作为必修课，对财务人员，设置相关业务类必修培训课程。让业务人员了解财务，财务人员了解业务，缓和业财人员彼此间由于不了解造成的误解冲突，也为财务更好服务业务，业务更好配合财务打好基础。开放不同作业条线转岗机制，优秀的财务人员可转岗到业务条线，表现突出的业务条线人员也可投入财务工作中来，不断为各条线注入新鲜血液，解决人员断层带来的困境。

3. 引导职业规划

随着组织结构的优化，基层分行财务人员会面临职业生涯选择的新课题。可随着共享业务的不断上涨，做好共享中心人力需求预判，并引导财务人员做好职业生涯规划工作显得越来越重要。一方面，根据需求情况做好共享中心财务人员招聘工作，二级分行原来的财务人员可考虑通过内部竞聘进入共享中心，继续从事财务工作；另一方面，大力开展对财务人员的业务培训。

通过对财务人员的业务知识输入使财务人员了解业务，培养财务人员的金融业务思维。面对职业生涯规划的时候，他们也可以有更多的选择。同时倡导财务人员自身能力的提升，鼓励财务人员在工作之余参加一些社会类财务考试。一方面丰富其财务视角，提高其业务素养；另一方面随着集中共享推进，财务人员职能转变，也有利于降低人力成本，为本行提供更多的人才储备。

第三节　财务共享平台与共享中心的建设管理

一、财务共享平台的信息化建设与管理

（一）财务共享信息化平台建设规划

1. 财务共享信息化平台建设规划的原则

（1）总体性。信息化平台建设的所有优化与完善应立足于企业的战略目标、定位和当前发展的需要，在企业决策层的大力支持与协助下，做出全局性的规划，按照需求的紧急程度与优先级分步实施和发布。

（2）开放性。由于财务系统需要与其他业务系统进行数据交换，要求财务信息系统必须具有良好的开放性，提供标准通用的数据交换服务。

（3）安全性。在数据的采集、存储、传递、交换和使用过程中都要建立数据安全管理机制，确保数据的正确性和可信度。确保网络安全，防止数据泄露，保

护用户的合法权益。财务数据为集团的核心数据，需要信息系统具有高安全性，保护数据不被非法用户篡改、假冒或破坏。

（4）前瞻性。当业务量变化时应具备良好的可伸缩性，避免瓶颈的出现。采用行业内先进的技术、设施，使新建立的信息系统能够高性能运转，最大限度地适应今后发展的需要。

（5）可操作性。在设计中需要考虑实用性和易操作性，功能应尽可能精准地满足用户的实际需求，易于用户掌握和学习使用，易于管理和维护。信息化平台建设的逻辑思路是以明确使用者需求为起点的。

2. 财务共享信息化平台建设规划的实施

根据企业的管理要求和核心业务需求，并结合系统规划的实际现状制定财务共享信息化平台的阶段目标和平台架构。整个信息化平台集管理与决策支持于一体，为满足不同阶段的管理要求和决策，信息化平台的建设需总体规划、分步实施。

（1）初期搭建。为提高账务处理时效与财务核算的自动化水平，搭建的信息化平台需要持续优化。随着纳入共享的业务范围不断扩大，系统功能、系统性能需不断完善和优化，以满足业务纳入的要求和批量作业。财务共享建设初期，为满足核算集中、资金集中和数据集中的要求，需逐步搭建费用报销管理系统、影像扫描系统、核算系统、资金系统和运营管理系统。

（2）稳定运营。财务共享信息化平台初期搭建的系统稳定运营后，根据企业的战略目标和服务定位，可以考虑搭建共享服务平台、员工自助报销和预算管理等系统，通过这些系统实现预算管控与核算集中的规范管理，以顺应企业发展的阶段性目标和长远规划。

（3）战略服务。为了更好地为企业战略决策提供必要支持和优质服务，实现企业价值最大化，战略财务、多维成本盈利性分析、商旅平台与财务电子档案可根据企业发展情况适时纳入信息化平台的阶段建设目标。随着企业管理模式的不断调整与完善，财务信息化平台的建设为企业不断提供优质的系统服务，优化核心业务流程，提高财务核算自动化，是企业管理风格的践行者。

（二）财务共享平台信息化的系统管理

财务共享系统是构建在财务会计系统之上的，主要包括任务派工系统、费用管控系统、影像管理系统、资金管理系统。在实践中，财务共享中心运营管理系统通常会纳入费用管控系统，以功能模块的形式存在。

1. 任务派工系统

通过财务共享作业平台，统一自动派工的规则与逻辑，实现后援分工和有效性的管理。通过自动派工，实现作业均衡。

（1）报销单、会计凭证。派工单在领导审批完成后，进入作业派工池。不同的作业岗位通过作业规则定义，划分不同的作业权限。财务共享中心的相关作业岗位通过两种方式进行分工作业——叫号取单、系统自动推送。

（2）费用报销、集中审核。任务派工系统需要支持作业岗位在统一界面拥有获取所有机构单据进行审核的权限，从而实现无须切换权限的跨机构业务处理。费用报销的集中审核需要关注对于跨机构账务处理的支持。

（3）会计凭证、集中记账。审核通过的准凭证能够被批量导入会计核算总账模块，形成最终结果。任务派工系统需要建立准凭证管理功能，在准凭证管理功能中能够进行凭证的系统自动初审、挂起、退回等操作。

（4）集中付款。任务派工系统需要建立支付管理功能，能够对所有支付记录进行统一管理，区分待支付状态、已支付状态、支付失败状态等。对于待支付状态的单据，能够进行批量支付处理，导入资金管理系统，完成支付过程。对于支付失败的单据，能够基于失败原因进行相应的失败处理。

（5）影像调阅。任务派工系统需支持和影像系统的有机集成，能够实现报销单据号和影像条形码的后台自动匹配，实现在线影像查阅以及流程中控制状态的交互。

（6）绩效管理。绩效管理是财务共享中心运营管理的核心。它通过从费用系统、影像系统、会计核算系统等系统中抽取数据，对财务共享中心运营的业务量、时效、库存等指标进行动态监控。形成的数据结果能够用于员工绩效考核、管理层绩效看板、现场绩效看板等多种场景。

（7）质量管理。质量管理是财务共享中心进行质量检查的重要工具。系统能够制订质量检查计划，下达质量检查任务，在质量检查任务中，可以设定抽样范围，并交由系统进行随机抽样。质检人员对系统随机抽取的单据进行质检后，将质检结果反馈给原始处理人，并跟踪修改，基于质量结果，系统可自动生成质量检查报告。

2. 费用管控系统

费用管控系统是财务共享中心相关系统中的核心系统。通常情况下，费用管控系统应可以管理、控制的费用范围包括公司人力资源费用、日常运营管理费用、市场营销费用、销售过程费用、物流费用、服务费用等。以预算控制为核心，将预算控制贯彻在费用的预算申请和实际发生的整个业务过程中，实现费用的事前规划、事中控制和事后考核分析。在财务共享中心的应用场景下，费用管控系统需要引入对于财务共享模式的支持。费用管控系统应具备以下特征，以帮助企业建立更加完善的费用管理体系：

（1）费用预算管控模型。通过费用管控系统建立灵活的企业费用预算管控模型。可以结合费用预算控制策略和费用政策控制策略，使各种费用必须受企业的业务政策约束，对于任何例外于政策体系和预算管理体系的费用，都可以采用特殊的控制手段，包括禁止违反政策的费用发生或政策外费用采用特殊批准的业务流程。

（2）灵活的工作流引擎。系统可以对正常的费用和政策外的费用采用不同的流程进行管理，从而实现费用支出过程受控，事后费用责任明确。工作流模块能够适应大型集团公司的复杂流程，既可以实现全集团流程一体化、规范化，又可以根据实际需要对特别的分支机构采用特殊的业务流程；既可以在一个分支机构内完成业务的过程控制，又可以建立跨机构、跨地域的业务流程层层审批、集体投票决策和一票否决等各种复杂的决策模型。工作流模块特别需要考虑工作流的易用性，需能够和主流的日常办公自动化系统和设备集成，可以通过办公自动化、邮件管理系统、手机或 PAD（掌上电脑）的应用进行日常业务流程的审批。费用管控系统要具备强大、灵活的工作流引擎，通过管理平台的工作流引擎，建立灵活的工作流控制、审批和监控体系。

（3）开放的系统接口。费用管控系统在系统接口方面需要具备高度的灵活性和开放性，可以与其他大型的信息系统，如 Oracle EBS、SAP、Oracle People-

Soft、HRMS 等系统集成应用；可以和主流的预算编制软件如 Hyperion 进行集成，实现对预算的规划、编制、修订及审批，控制全过程集成部署，也可以在本管理平台中规划预算编制体系，并通过电子表格编制预算导入系统；可以为第三方资金管理系统、银行电子交易提供集成，实现费用支付过程自动化。

（4）领先的技术平台。费用管控系统需要采用领先的技术平台进行软件的开发和部署。建议数据库采用主流的平台数据库；应用服务器可以根据企业的应用规模采用包括主流的中间件产品；系统采用 Java 进行开发，功能应用全部为 Web 页面，可以通过各种主流的浏览器进行系统的操作。

3. 影像管理系统

建立影像管理系统，有利于实现无纸化的审批及会计作业，解决集中办公的要求与原始凭证分散之间的矛盾，有效支撑财务共享服务作业模式的运转，对财务共享服务中心业务处理的规模效益形成了有力支撑。影像管理系统是票据信息采集、影像传输和集中管理的平台，主要是通过信息化手段解决流程审批及业务核算过程中原始凭证查阅、集中审核问题，实现"业—影—财"数据的线上一体化流程。影像管理系统需要实现前台影像采集、影像传输、后台影像管理、影像审核、实物票据管理、电子档案管理、费控单据的影像管理、报账单据的影像管理、发票验真、影像调阅审批和影像安全设置等功能。

4. 资金管理系统

资金管理系统负责集中监控管理资金和账户，包括账户管理、资金转账/支付、资金上划下拨、银企对账等系统功能。其与影像管理系统一样，贯穿整个财务流程，为各子系统提供资金结算等服务。一些功能复杂的资金管理系统还会包括资金计划管理、资金池管理票据管理等功能。

二、财务共享中心的建设与管理

（一）财务共享中心建设规划

1. 财务共享中心建设规划的原则

（1）循序渐进原则。财务共享中心建设时应遵循先易后难、试点先行、稳步推进、全面实施推广的原则。

（2）事权不变原则。财务共享中心各法人主体对本单位的资产所有权和使用权不变，对资产、负债和权益的管理和使用仍由本单位负责，对收入、成本、费用的管理和审批仍由本单位负责。各法人单位会计主体不变，各法人单位对本单位会计信息的真实性、完整性、合法性负责。

（3）收益性提高原则。财务共享中心建设的收益性主要体现在成本、效率、质量、服务、财务转型、企业扩张等方面。降低成本是建设财务共享中心最原本的诉求，也是财务共享中心效益的直接体现；借助流程再造和信息技术手段，财务共享中心在提升财务运作效率和快速支持经营需求方面成效显著；通过完整的绩效控制手段和统一规范的内控，财务核算的及时性、准确性显著提高；在服务方面，通过完整的绩效控制手段和统一规范的内控，财务共享中心的服务质量可得到明显提高；在财务转型方面，财务共享中心的职责、角色将逐渐向业务伙伴方向转型，共享服务对基础工作的专业支撑，使财务共享中心的角色拓展成为可能；由于共享服务显著的规模效应，共享服务可有效支撑企业的迅速扩张。

（4）安全性增强原则。通过全公司统一的作业标准和流程、统一的制度与信息系统、统一的资金管控与调度，降低风险，加强管控。

（5）标准与数据集中原则。保证财务共享中心成为全集团唯一的财务信息入口，实现固化业务内控点，是提高会计信息质量的基础。财务共享中心集中归集财务基础信息，实现全集团数据共享，以更及时、更准确地为管理部门决策提供数据支持。

（6）核算与管理分离原则。核算与管理分离主要指财务管理与核算会计平行管理，集团所属各法人主体及下属各单位保留财务管理机构和财务管理职能，撤销会计核算及出纳岗位，改核算单位为核算支持单位，保留财务管理核算支持岗位。在业务上由财务共享中心统一管理完成核算支撑工作。

2. 财务共享中心建设规划的模式

（1）集中模式。业务集中度较高的企业会建设集团统一的财务共享中心。集中模式就是在集团层面建设完全集中的财务共享中心，面向整个集团提供服务。

（2）产业模式。一些多元化的集团公司涉足很多行业领域，因此会建设产业财务共享中心。产业模式就是按照集团产业业态不同，建设为每个业态服务的不同财务共享中心。

（3）区域模式。建设区域模式的财务共享中心的集团公司比较常见。区域模式就是按照区域集中的原则建设财务共享中心，为区域运营单元提供服务。

（4）项目模式。集团企业为建设某一个特大型项目，通常会有众多二级单位、三级单位参与，这时围绕项目建立财务共享中心比较适合。项目模式就是以项目为服务对象建设财务共享中心，是参与特大型项目建设的多个法人单位为实现资金封闭运作、项目税务统筹规划而成立的财务共享中心。

以上四种模式只是给出了一般性的分类，对于企业来说，最重要的是制定与自身情况相符的顶层规划。各企业实际采用的建设模式与这四种模式可能会有些区别，需要视各企业的具体情况而定。

3. 财务共享中心建设规划的选址

（1）成本收益因素。因财务共享中心建立而引起的企业组织架构、岗位职责、人力资源需求以及办公场所等方面的变化，使企业在选址时，需要评估这个国家或地区的薪资水平、办公场所的购置或租赁成本、人员的安置和培训费用、员工的离职费等因素，并在全球范围内比较，以取得成本优势。财务共享中心必须考虑建设的成本和收益。

（2）人力资源因素。人力资源是财务共享中心选址时不可忽视的标准之一。一个国家或地区总的劳动力资源和技能水平决定了在此成立财务共享中心是否能够找到符合岗位要求的员工，没有充足的劳动力供给，对以人力服务为特征的共享中心来说是一场灾难。

（3）当地环境因素。在选址时，当地环境是不可被排除在外的重要因素，它将影响财务共享中心运营的稳定性和时效性。基础设施、无线通信和公共设备等条件是否成熟会影响信息技术对财务共享中心运营的支持；特定的地区文化及惯例也会对财务共享服务产生影响。

（4）税收法律因素。为防范财务共享中心的运作风险，企业必须在选址时充分了解当地的税收和法律制度。比如一些国家为保护数据的安全性，限制原始票据出境和业务数据的传输，一些国家的外汇管理制度使得财务共享中心的国际支付成为一大难题，甚至母公司对子公司的投资在获利后的资金回流都会受到影响，这些限制的存在都将阻碍财务共享中心的建立和运营。

（二）财务共享中心的有效管理

1. 质量管理

财务共享中心应该建立和实施全面质量管理体系。全面质量管理体系就是一个组织以质量为中心，以全员参与为基础，目的在于通过让客户满意和本组织所有成员及社会受益而达到长期成功的管理途径，主要实现方法有以下两种。

（1）PDCA 管理循环。又叫"质量环"。PDCA 管理循环作为质量管理的基本方法，可以广泛运用于财务共享中心的建设中。财务共享中心的质量管理可以基于 PDCA 管理循环来开展，从制订计划、执行计划、检查执行情况、对结果进行处理四方面入手，做到计划到位、责任到位、检查到位、激励到位，同时强调结果导向，关注实施质量管理后的有效产出。

PDCA 质量循环管理方法应用到财务共享中心的质量管理中，并不需要再增设岗位，同时并未增加员工的现有工作量，而是可以与每一个岗位的日常工作相结合，通过合理分工、明确进程和目标，促进各团队、各岗位高效、协同工作，共同实现服务质量管理目标。PDCA 说明如下：

"P"（Plan）：计划"P"（Plan）对应质量管理的第一个环节，它包括质量目标、管理方针的确定以及管理活动规划的制定。财务共享中心通过调查、用户访问等，摸清用户对信息产品质量的要求，确定质量目标、方针、质量计划和预计效果等。此阶段需要财务共享中心的领导者参与计划制订，企业内部应该积极协同配合，做好事前的充分准备。计划中还应明确对账检查的工作标准，参照日常单据审核作业，对工作完成时限、对账检查结果标准及汇报路径等做出明确规定，指导员工履行监督、检查职责。财务共享中心的内部团队和岗位还担负着监督检查的职责，这一职责的具体工作内容主要是开展账务核对、合规性检查工作，对日常单据审核作业的会计核算结果、财税法规及其他内外部法规的遵从性进行检查，可以看作财务共享中心内部自行发起的对外部服务质量的自查工作，对促进服务质量管理，尤其是加强财务内控起着重要作用。

"D"（Do）：执行"D"（Do）对应质量管理的第二个环节。企业根据第一环节确定的目标、方针及规划等相关信息，设计研究具体的质量管理方法、管理方案，再根据设计和布局，进行具体运作，实现计划中的内容。计划到位需要行动来支撑，应由全体财务共享中心的员工按上一阶段制订的质量管理计划来执行。此过程应注意避免实践中容易发生的指令不清晰、职责边界划分不明等问题，保证员工或责任人能真正付诸行动，并对行动结果负责。

"C"（Check）：检查"C"（Check）对应质量管理的第三个环节。在按计划执行完毕后，应该对执行效果进行检查回顾，明确对错并找出执行过程中存在的问题，对计划的执行结果进行总结。检查是财务共享中心质量管理的重要阶段。通常由专设的质量管理岗借助特定技术手段和方法，以中心规定的标准或规范为依据，对执行结果进行检查，做出合格与否的判断。需要注意的是，检查作为一种约束机制，其最终目的并非事后的质量把关，而是要确保员工按计划执行工作，积极预防信息形成过程可能出现的质量问题。

"A"（Action）：纠正"A"（Action）对应质量管理的第四个环节。处理总结检查的结果后，对成功的经验加以肯定，并予以标准化；对存在的问题、失败的教训要予以总结，引起管理者和员工的重视。对照最初制订的目标计划梳理解决问题和达成目标的情况，没有解决的问题或未达成的目标，则提交到下一个新的 PDCA 循环中去解决。

（2）服务等级协议。财务共享中心设立服务等级协议的目的，主要是通过签订服务等级协议，明确财务共享中心与内部客户间（包括业务部门和财务部门）的权利以及承诺，使所有职责落实到每个具体责任人和责任实体。服务等级协议是在一定开销（通常这个开销是驱动提供服务质量的主要因素）下，为了保障服务性能和可靠性，服务提供商与用户间或者服务提供商之间定义的一种双方认可的协定。服务等级协议将定义服务范围、成本和质量，并将它们书面化。

财务共享中心运作前，必须明确客户期望值，并使其提供的服务与客户期望值之间保持一致。客户期望与需求固然重要，但是为了避免客户与财务共享中心之间存在期望差距，服务等级协议可以看作一项有效管理客户期望的实用工具。服务等级协议是服务关系管理中很重要的组成部分，是财务共享中心运作的"逻辑平台"，其应被作为在组织内部对管理职责进行授权、降低成本和改进管理信息等方案的一部分来使用。

2. 人员管理

（1）人才选拔。财务共享中心的人才选拔可以分为三个阶段探讨，每个阶段的人才需求都不相同。在财务共享中心的各阶段，人力资源管理部门应建立人才盘点制度，定期分析人员结构及岗位供应情况，以便随时检测需要的人才，使员工适才适岗。

第一，规划设计阶段的人才选拔。财务共享中心规划设计阶段的团队成员多由企业内部选拔或借调的专业人员，包括集团财务部人员及分、子公司财务人员。集团财务部人员能够站在集团整体角度考虑问题；分、子公司财务人员拥有基层工作经验，可以发现实际业务中存在的问题与风险。

财务共享中心规划设计阶段的团队人员应该具备的特征包括：①对企业发展战略目标有清晰的把握，多为中层以上领导，如公司层面的副总裁、部门经理及主管。②具有较强的变革意识，能够深刻理解企业未来发展的战略方向及其所需的财务服务支撑。③应具备较强的综合素质与丰富的项目管理经验，能够有效地整合、调动企业内部资源，推动项目的规划与立项。④熟悉企业业务操作与需求，并且能够系统掌握会计核算、财务管理及会计信息系统知识。

财务共享中心规划设计阶段，人力资源管理部门应做好两项重要工作：①对企业集团内部财务人员进行调研，如有可能，应重点对财务人员数量多、素质高的分公司进行针对性的调研与宣传。②向集团内部各个层级员工宣导财务共享的管理理念，获得各级管理者、基层财务人员及其他相关人员的理解和支持。

第二，建设阶段的人才选拔。财务共享中心建设初期，支撑能力较弱，自动化程度相对较低，人工处理的业务较多，需要一批了解业务、了解系统的人才对流程进行持续优化，对人工处理的简单劳动进行自动化、系统化。随着后期逐步改进完善，人工处理业务会逐渐减少，财务共享中心为客户提供的产品则是及时准确的财务报表和财务数据，这就需要财务共享中心有一批深刻理解会计准则，同时了解企业管理需求的专业人才。

财务共享中心建设阶段包括三项主要工作：①进行财务人力资源整合，在结合基层财务人员能力和意愿的基础上，将有流程经验和创新意识的员工转移到财务共享中心，组成核心团队去负责共享中心分阶段的上线工作；留下小部分人在原机构承担原始单据收集工作；还有一部分无法满足工作需要又不愿意调离原单位的员工要进行妥善安置。②进行广泛的业务培训，让员工适应新的工作流程，满足新岗位的工作要求。③对于财务共享中心空缺的岗位要提前进行外部招聘，重点储备在财务专业、沟通能力、计算机水平、工作抗压性上都有突出表现的财务人员。

第三，运营阶段的人才选拔。基础服务人员是指负责财务共享中心各个部门具体工作的基层员工，他们根据管理层形成的标准化操作流程进行工作，提供标准化的财务服务，是财务共享中心的直接生产者。由于财务共享中心对基础服务人员的能力和知识水平要求相对简单，在招聘时，一般要求能熟练操作办公软件，有一定财务知识的一般院校的应届毕业生就能胜任，系统操作技能方面在员工入职后经过短期培训就能解决。财务共享中心流程化的作业及信息系统的应用，使得这些人员的工作显得单调重复、枯燥无味，由此映射出基础服务人员技能同质化、可替代性高、薪资较低、流动性大、特定工序实践经验丰富等特点。针对基础服务人员的高流动性和可替代性，应提前准备好应对方案。

关键技术人员应该既是财务信息化、标准化、流程优化的行家里手，又是内部控制、内部风险管理的专家，在组织内部或市场上短期内都难找到替代者，这也决定了他们的低流动性。技术人员是经过严格的选拔或在财务共享中心成长起来的，他们具有较强的创造性，如何让他们的才能发挥出来，使服务中心的整体能力得到提升，是对他们进行管理时必须考虑的问题。

管理人员往往呈现出技能差异化、可替代性低、收入水平高、流动性低、创造性强、追求更大发展空间的特点。管理人员主要对财务共享中心各个职能部门进行日常运营管理，他们既负责财务共享中心整体的正常运营、人员的培训管理与绩效提升，又是财务共享服务价值创新的核心推动者。管理人员需要熟悉业务发展最新动向，系统掌握会计、财务管理、企业管理等专业知识，熟练掌握财经法规和会计准则，具有系统性、全局性、前瞻性的思维能力。

（2）人才培养。

第一，人员培训。越来越多的财务共享中心的管理者，希望寻求有效的培训课程体系，支持员工学习与发展，提升组织竞争力。人员培训是组织为了充实员工在执行某项特定工作或任务时所必要的知识、技能及态度或培养其解决问题的能力所采取的一系列活动。财务共享中心的员工培训体系一般包括培训组织、课程体系、讲师队伍和支持体系四部分。①培训组织，是负责培训管理的团队，财务共享中心通常在运营管理中心设有培训经理的岗位，负责培训需求分析、课程体系设计、培训的组织与评估等工作。②课程体系是财务共享中心根据自身的业务需求和岗位需求设计的课程内容，人员培训要有针对性，不同阶段、不同岗位所需要的知识和技能是不同的，加上共享服务自身的特点，实现良好运营所需要的能力不仅仅是财务专业知识。③讲师队伍可以包括企业的内部讲师和外部讲师，财务共享中心一般也会有自己的兼职讲师团队。④支持体系保障培训的实施和管理，如培训管理的流程与制度，培训的硬件设施等。

财务共享中心人才培养的重要性主要体现在两个方面：①对财务共享中心而言，培训可以促进人员的专业化分工、工作内容的标准化，可以保证工作产出的一致性，保证服务水平的稳定。②对组织而言，培训可以引进新知识和新理念，提升员工和组织的竞争力，可以有效激励员工，有利于保持员工的积极性，可以促进员工形成共同价值观，有助于形成良好的工作氛围，能够增强员工对组织的认同感，增强组织凝聚力。

第二，人员激励。财务共享中心的人员激励除了薪酬奖金等物质激励外，应该同样重视精神激励。良好的激励可以吸引并留住人才，开发员工潜能，调动员工积极性，促使员工个人目标和组织目标一致，还能造就良好的竞争环境。

第三，人员发展。应基于财务共享服务的特点设计未来财务共享中心员工的多维度职业发展通道，完善财务共享中心岗位体系建设，并设计不同岗位的人员胜任力模型，建立共享中心岗位职业发展全景图，明确岗位的晋升和轮岗机制，让员工能清晰地看到通过自己的努力可以达到的高度。针对财务共享中心逐步细化的岗位设定经验级别，基于从业人员的工作经验年限设定基本的职务职级，并针对不同级别给予差异化待遇。与此同时，建立基层管理者的内部选拔机制。随着财务共享中心人员规模扩大以及固定管理跨度的限制，日常运营管理中需要一定的基层管理者，财务共享中心应该建立基层管理者的内部选拔机制，为基础服务员工创造职业发展机会。通过相关岗位业务融合、轮岗、拓展性业务培训等形式丰富员工的工作内容，减少工作单一性。

3. 绩效管理

财务共享中心的绩效管理，以经营战略和年度经营目标为指导，通过对员工工作绩效评价，达到奖优惩劣、提升员工绩效水平的目的。绩效管理通过设定科学合理的组织目标、部门目标和个人目标，为集团企业员工指明努力方向。

（1）绩效管理的内容体系。

第一，评价要求绩效考核指标，必须以清晰的组织职能定位和岗位设计为基础，且与内部各岗位的责权互相匹配。在指标的具体设计中，应该做到以下五点：①既要有近期评价指标，又要有远期影响因素的评价指标。②既要有外部利益相关者关心的指标，支持业务单元的业务增长，与服务等级协议保证内在的一致性，同时又要有内部管理者关心的指标。③既要有成本指标，又要有运营效率的业务指标。④既要有过程性的指标，又要有结果性的指标。⑤既要有定量指标，又要有定性指标。

第二，评价频率。财务共享中心通常按季度进行评价，由共享中心各部门负责人按照本制度评价打分，运营管理副主任审核，财务共享中心主任批准，并于次季度 20 日前发布上季度绩效评价结果。

第三，评价机制。财务共享中心应根据不同类型的工作或岗位设定绩效评价指标类别，将每个指标类别细分为若干评价项目，分别规定具体考核要求和评价方法，并赋予一定权重。定期通过绩效报表进行统计、分析与考核。评价财务共享中心绩效的指标包括标准时效、标准工作量、业务质量、服务满意度。

（2）绩效管理的指标体系。关键绩效指标（KPI）是为了解决战略实施问题所设计的一种战略分解与控制方法。KPI 是对公司战略目标的分解，是对实现公司战略目标的一系列具体工作效果的衡量、评价指标，它是由管理者与员工共同参与制定的，体现了管理者与员工对企业战略目标和为达成这一目标应该做的关系性工作的共识和承诺。制定出的 KPI 应该反映员工工作的直接效果，指标本身应该是可量化的。如果难以量化，那么也必须是可以行为化的。基于 KPI 对绩效进行管理，可以确保个人、部门的工作方向和内容能够为企业战略目标的实现提供切实的帮助。

4. 风险管理

实施财务共享将面临组织结构调整、财务人员转型、财务业务工作流程重新设计等变革问题，这就使其实施过程充满风险。这里主要探究财务共享服务过程中存在的风险以及风险防范措施。

（1）战略规划阶段风险识别及防控。战略规划阶段的主要风险包括：①选址地点不当，财务共享中心的选址地点未考虑企业管控需求、现有办公场地以及各种资源协调难易程度等情况，会导致无法达到管控目标，出现人才流失、沟通协调难度大等风险。②计划准备不足，财务共享的实施得不到高层领导的足够重视，实施者缺乏对系统差异、信息化水平、财务核算基础的充分评估，没有准确设置财务共享中心分阶段建设的目标，会使财务共享实施计划推行受阻，会影响企业战略规划的落地与执行。③风险认识不足，领导者期望快速实施财务共享且对财务共享实施后的效果过于乐观，会使其缺乏风险意识，从而导致风险管控力度不够。④业务范围界定不合理，管理层对财务共享的业务范围没有清晰界定，若选择范围过大，则会导致财务共享初期推进受阻，难以落地。

战略规划风险的防控：公司高层要重视财务共享中心的建设及后续的运营优化，加强风险意识，不能急于求成，要循序渐进地实施变革。依据企业战略目标，充分做好评估工作，按照公司的具体情况，建立符合自身的财务共享中心。

（2）组织管理变革风险识别及防控。组织管理变革风险主要包括：①制度制定不合理，集团企业未充分考虑组织内部的利益关系，对财务制度与管理制度的重新制定不够清晰，引发问题推诿，导致制度操作性不强。②业务变更不适应，财务共享服务是一种创新的工作模式，工作模式的变更使得财务部门与业务部门不适应，无法达到预期的工作效率。③组织结构调整不适当，建立财务共享中心后，必然会使得组织结构重塑，职能与职责重新划分，这就需要企业根据自身情况，因地制宜，不当的组织结构会使得流程不畅通，影响企业效益。④组织内部冲突，建立财务共享中心，会使下属单位财务权限上移，容易使下属单位产生抵触心理，影响工作情绪。

组织管理变革风险防控：财务共享服务势必给企业带来新的组织架构，集团企业应重新定义新组织架构中的角色和职责，明确端到端的流程负责人以及财务共享中心的绩效和管理负责人，明确相应的人员职责，建立完善的组织管理标准。

（3）人员变革风险识别及防控。人员变革风险主要包括：①人员操作风险，财务共享中心人员操作不适应、不规范会导致操作风险，如发生问题单据、错误收支等。②人员工作枯燥，财务共享中心人员专业分工细，工作枯燥，灵活度小，缺乏和客户的沟通与互动。③人员沟通难度大，财务共享中心和前端业务单元、税务机构距离较远，不能有效对业务进行跟踪。④人员发展不合理，财务共享中心的人员绩效考核若缺乏健全的评价体系，不能为转型后人员的发展制定明确的战略，将难以对人员进行有效培养。⑤缺乏数据敏感性，财务共享中心核算与前端管理分离，财务人员缺乏对业务真实性的判断。⑥人员变革抵触，新的工作模式会产生人员削减和安置、技能转变、新环境工作等变化，这些可能会影响财务人员的利益。此外，财务人员的传统观念会使其对变革产生惧怕、抵触心理，如果无法进行有效沟通消除其顾虑，会影响企业稳定性。

人员变革风险防控：基于新的组织架构和流程，集团企业应制定新的岗位及职责，以及新业务模式下的薪酬体系、考核晋升机制、人才培训和招聘。此外，找出现有组织与未来组织之间人员在职业技能上的差距，为实施变革制订学习和发展计划，培养符合财务共享中心需要的专业人才。

（4）流程变革风险识别及防控。流程变革风险主要包括：①流程优化风险，财务共享中心建设完成后，管理层容易忽视后续的流程优化，共享中心的建设是基础，更重要的是流程的不断优化及改进。②流程标准化统一与设计不合理，集团未能对下属单位在财务工作流程、核算方法、财务体系的差异上进行有效规整划一，导致新流程设计不合理，财务业务工作不协调。③新流程应变力不足，财务共享中心极强的流程规范与标准使其灵活性降低，对内外变化不能及时调整和修正。④新旧流程衔接不顺畅，旧财务流程转变到新流程时不能有效衔接。⑤票据流转风险，在财务共享中心模式下，票据频繁流转，容易丢失。⑥流程执行不力，财务共享中心不能按规定的流程执行，流程执行流于形式。⑦流程运转风险，在财务共享中心信息运转过程中，物流、资金流和信息流在新流程中不能实时统一，信息反馈不及时，工作效率降低。

流程变革风险防控：财务共享中心的核心就是流程的变革，为了更好地应对这一变化，企业应基于业务影响和回报对流程变革进行优先排序，对重要的流程进行优先变革。此外，集团应根据基准信息（成本、其他比率等）找到低效的流程及标准化机会，对低效的流程进行优化；还要评估现有技术和架构能否支持不同流程，以保障财务共享中心的顺利运营。

（5）系统建设风险识别及防控。系统建设风险主要包括：①数据的共享风险，财务共享后导致系统需存储大量数据，对数据的存储、传递、加工、提取的安全性要求很高，任何环节出问题，均会影响财务数据的安全可靠性及财务人员的日常办公。②系统集成与整合能力不足，财务共享中心的技术支撑就是信息化，如果企业信息化水平低，系统差异大，缺乏对系统整合的能力，则无法建立有效的财务共享中心。③系统安全和稳定性不足，系统缺乏安全和稳定，容易使信息丢失、泄露、被篡改和删除等。④系统设计不合理，例如，财务共享中心的系统设计不符合流程规范，权限设置不当，缺乏管理和控制能力，难以达到设计效果。⑤系统支撑力薄弱，系统无法协调统一，缺乏有效的系统组成部分，相关功能不足，导致整体支撑力薄弱。

系统建设风险防控：对于系统建设，集团公司应考虑技术架构如何支持财务共享服务目标，财务共享中心的管控也是对数据的管控，数据库的建设及保护尤为重要，系统建设时要明确处理数据的模型和数据保护的方法，增强数据的安全性。

（6）税务法律风险识别及防控。实施财务共享后，本应由下属单位各自进行的属地纳税和税务管理转移到财务共享中心，因而造成税务法律的外部风险，主要内容包括：①法律法规风险，对组织架构的重新构建、操作流程的重新梳理，档案归集和管理的方式都可能面临不合法律法规的问题。②税务政策反应不及时，财务共享中心不能及时获取新的税收和优惠政策，不能及时履行税收政策，会引发处理税收问题的滞后性，增加税务成本。③税收政策选择风险，地区税务政策存在差异，无法合理选择税收政策进行税务筹划。④税务稽核难度大，地区税务差异大，财务共享中心距离税务部门远、与税务人员沟通难度大，无法有效进行各地纳税工作和税收管理，会引发税务稽核问题。

税务法律风险防控：集团企业可以建立柔性税务管理平台，加强税务法律队伍建设，建立税务法规知识库，获取外部税务机关、税务咨询机构以及行业税务法规等最新信息并及时更新至税务法规知识库，同时企业内部的税务管理人员也可以及时维护、发布相关税务管理和操作制度及规定实现税务管理的事前预警。此外，还可以通过税务管理平台建立税务风控模型，对税务风险及时预警，为财务管理人员提供参考依据，以及时对税务风险进行自查并制定规避措施。

参考文献

[1] 陈思慧. 国有企业项目投资管理存在的问题及优化策略 [J]. 现代企业, 2022 (10)：47-49.

[2] 董冠缨. 网络经济时代下的财务会计管理 [J]. 中外交流, 2021, 28 (3)：10-12.

[3] 杜小艳, 刘晶晶, 杨雨薇. 证券投资基金管理公司治理结构与投资业绩关系研究 [J]. 改革与战略, 2016, 32 (10)：76-79.

[4] 段国圣, 段胜辉. 年金投资管理：评价、问题与建议 [J]. 保险研究, 2020 (4)：3-15.

[5] 方佳惠. "数字化" 下财务共享服务中心的新发展 [J]. 江苏商论, 2021 (11)：94-97.

[6] 冯科. 投资管理 [M]. 北京：中国发展出版社, 2009.

[7] 付继芳. 会计信息化对企业财务管理的影响和应用策略 [J]. 中国商论, 2022 (14)：131-134.

[8] 傅代彬. 证券投资基金风险管理的问题与对策 [J]. 投资与合作, 2020 (5)：19-21.

[9] 龚凯颂. 财务管理视角下财务比率的价值探讨 [J]. 财务与会计, 2022 (11)：43-47.

[10] 侯静茹, 刘青. 资本成本的影响因素及测算方法的改进 [J]. 全国商情 (理论研究), 2013 (20)：46-49.

[11] 黄福. 研发支出的归集与分配 [J]. 商业会计, 2014 (2)：56-57.

[12] 黄庆华, 杜舟, 段万春, 等. 财务共享服务中心模式探究 [J]. 经济问题,

2014（7）：108-112.

[13] 黄泽文. 企业项目投资管理面临的风险及应对措施 [J]. 财经界，2022
（20）：65-67.

[14] 姜一涵. 财务共享服务中心建立与会计信息透明度提升 [J]. 经济问题，
2022（10）：120-128，后插1.

[15] 来臣军，赵莉，贾飞宇. 区块链技术在高校财务管理的应用 [J]. 商业会
计，2022（9）：94-96.

[16] 李闻一，高康，冯仕聪，等. 财务共享服务中心之 PEST 分析 [J]. 财会月
刊，2018（11）：36-39.

[17] 李闻一，郭惠芳，卢文. 财务共享服务体验中心的设计与实践 [J]. 财会
月刊，2020（7）：30-36.

[18] 李学峰，张茜. 我国证券投资基金投资管理行为成熟性研究 [J]. 证券市
场导报，2006（10）：52-57.

[19] 林礼谊. 关于现代企业建立财务共享服务中心的分析与探讨 [J]. 中国内
部审计，2022（1）：88-92.

[20] 林媛. 财务共享服务下企业财务管理分析 [J]. 技术与市场，2022，29
（5）：161-163.

[21] 刘欢. 企业对员工履行的责任、员工心理契约、工作绩效影响研究 [J].
中小企业管理与科技（上旬刊），2016（3）：27.

[22] 刘佳. 国有企业项目投资管理存在的问题与建议 [J]. 全国流通经济，
2021（33）：98-100.

[23] 刘璐，杨洋. 企业决策中的成本性态分析 [J]. 中国商贸，2010（28）：
75-76.

[24] 马秀艳. 小微企业筹资管理存在问题探究 [J]. 中国商论，2018（33）：
105-106.

[25] 苗凯. 财务管理目标与企业财务战略选择 [J]. 纳税，2021，15（29）：
79.

[26] 漆凡. 财务管理 [M]. 上海：立信会计出版社，2020.

[27] 曲明. 基于资产负债表的财务管理思路研究 [J]. 财经问题研究，2022

（2）：95-103.

[28] 田迪. 基于财务风险视域下国有企业财务管理模式转型创新 [J]. 中国商论, 2022（4）：131-134.

[29] 王会慧. 财务共享服务中心信息化建设 [J]. 中国商论, 2018（2）：128-129.

[30] 王舰, 陈建森, 徐扬. 财务共享服务中心构建问题再思考 [J]. 财务与会计, 2020（19）：48-51.

[31] 王卫星. 基于多学科视角的企业财务管理拓展与创新探讨 [J]. 会计研究, 2016（11）：30-37.

[32] 王欣荣, 唐琳, 刘艺. 财务管理 [M]. 上海：上海交通大学出版社, 2018.

[33] 韦德洪, 陈势婷. 论智慧财务管理的内涵、外延、特点与应用 [J]. 会计研究, 2022（5）：40-48.

[34] 谢志华, 胡鹰. 财务管理与支撑战略 [J]. 财务与会计, 2022（13）：9-14.

[35] 邢聪, 杨绍禹. 区块链技术在航油公司财务管理中的应用 [J]. 财会通讯, 2022（16）：135-140.

[36] 杨凤英. 特尔菲法的特点与优缺点 [J]. 内蒙古民族大学学报, 2012, 18（2）：195-196.

[37] 杨有红. 研究开发的经济性质与财务管理创新 [J]. 中国流通经济, 2022, 36（5）：55-64.

[38] 易纲. 中国的利率体系与利率市场化改革 [J]. 金融研究, 2021（9）：1.

[39] 余永亮. 探析财务共享服务中心建设的实施方案与具体措施 [J]. 商业会计, 2022（6）：71-75.

[40] 虞琳. 企业筹资方式选择及优化探讨 [J]. 大众投资指南, 2021（19）：32-33.

[41] 岳山岭, 魏志丰. 财务共享服务研究 [J]. 求知导刊, 2018（30）：33-34.

[42] 张婧. 浅谈财务共享服务 [J]. 中国商论, 2019（3）：163-164.

[43] 张庆龙. 世界一流财务管理体系建设的作用分析 [J]. 商业会计, 2022（13）：8-10.

［44］张燕珍. 财务共享服务下传统财务人员的转型［J］. 中国商论，2017
　　　（15）：98-99.

［45］钟海燕，刘青青. 企业避税、债务资本成本与资本结构［J］. 会计之友，
　　　2017（11）：94-97.

［46］钟淑贞. 试析中小企业投资管理问题和相关对策［J］. 商展经济，2022
　　　（2）：147-149.

［47］朱琳琳，王芳. 财务共享服务的实施要点浅析［J］. 商业会计，2013（3）：
　　　128-129.

［48］邹娅玲，肖梅崚. 财务管理［M］. 重庆：重庆大学出版社，2021.